dtv

Das Leben als Paar gehorcht einem eigenen Rhythmus. Die Partner entwickeln sich weiter, Frustrationen und oft auch Konflikte sind unausweichlich. Heute erwartet man von der Paarbeziehung alles, zu viel bisweilen. Das Leben zu zweit ist kein Garant für Glück und Selbstverwirklichung. Doch Krisen bieten auch die Chance, Veränderungen einzuleiten und eine Beziehung neu zu beleben. Anhand zahlreicher Fallbeispiele erklärt der Paar- und Familientherapeut Serge Hefez den Pas de deux, den Paartanz. Aus seiner Praxis weiß er, wie Paare mit gegensätzlichen Ansichten, enttäuschten Erwartungen, Missverständnissen und Streitereien klarkommen und wieder zueinander finden können. Sein Buch ist ein Plädoyer für das Paar. Ohne zu moralisieren und der Tradition das Wort zu reden, zeigt er, wie eine Beziehung zwei Menschen zu verändern vermag, wenn sie es wagen, ihrerseits die Beziehung zu verändern.

Serge Hefez, Psychiater, Psychoanalytiker, Paar- und Familientherapeut, ist Direktor der familientherapeutischen Abteilung am Pariser Hôpital de la Pitié Salpêtrière.
Danièle Laufer ist Journalistin und Autorin.

Serge Hefez
mit Danièle Laufer

Paartanz

Beziehungskrisen als Chance

Aus dem Französischen
von Martina Georg

Deutscher Taschenbuch Verlag

Deutsche Erstausgabe
April 2006
Deutscher Taschenbuch Verlag GmbH & Co. KG,
München
www.dtv.de

Titel der französischen Originalausgabe:
La danse du couple
Deutschsprachige Ausgabe:

Umschlagkonzept: Balk & Brumshagen
Umschlagbild: Picture Press/Stock Illustration Source
Satz: Fotosatz Reinhard Amann, Aichstetten
Gesetzt aus der Palatino 10/12,5˙ und der Vectora
Druck und Bindung: Druckerei C. H. Beck, Nördlingen
Gedruckt auf säurefreiem, chlorfrei gebleichtem Papier
Printed in Germany
ISBN-13: 978-3-423-34285-8
ISBN-10: 3-423-34285-4

Für Nina, ohne die dieses Buch niemals das Tageslicht gesehen hätte.
Für Pierre, im Rhythmus des Blues

Lieben (…) ist ein erhabener Anlass für den Einzelnen, zu reifen, in sich etwas zu werden, Welt zu werden, Welt zu werden für sich um eines anderen willen (…).
R. M. Rilke, Briefe an einen jungen Dichter [14. Mai 1904]

Inhalt

Einführung

Seit über 20 Jahren kommen Paare zu mir, die unglücklich miteinander sind und zwischen Diskussionen und Tränen, Anklagen und Herabsetzungen, Trennung und Versöhnung feststecken. Mit erstickter Stimme oder laut und wütend sprechen sie von der nicht länger aufschiebbaren und immer wieder ausgemalten Trennung, von ihrer Sehnsucht nach einer nie endenden Leidenschaft, von ihrem Wunschtraum, noch einmal neu anfangen zu können, von dem doppelten Zwang eines »weder mit dir noch ohne dich«, der sie unerbittlich in einem endlosen Hin und Her gefangen hält.

Manchmal hat ihr Anliegen auch einen optimistischen Ansatz und ist bereits durchdacht: »Damit es harmonischer zwischen uns wird, müssen wir besser miteinander reden können.« Oder: »Wir möchten uns abstimmen, um eine gemeinsame Haltung unseren beiden Eltern gegenüber zu finden.« Oder auch: »Wir sind zwei Frauen und lieben uns. Können Sie uns helfen, uns über die Frage der Adoption eines Kindes klar zu werden?« Oder: »Unser Sexualleben ist am Boden, obwohl wir eine tiefe Zärtlichkeit füreinander empfinden. Was können wir tun?«

Worum geht es bei diesen besonderen Zusammenkünften, wenn hinter geschlossenen Türen ein Mann und eine Frau, oder zwei Männer oder zwei Frauen, ihren ganz persönlichen Leidensweg offenbaren? Eine zerrüttete Beziehung zu heilen, die sie quält und ihnen doch gleichzeitig Halt gibt? Zwei aufeinander bezogene Einzeltherapien durchzuführen, die jedem ermöglichen, das, was ihn blockiert und in einer Endlosschleife gefangen hält, für sich selbst herauszufinden? Oder geht es vielmehr darum, sie zu einem Dialog anzuleiten, um einer unzureichenden Kommunikation »auf die Sprünge« zu helfen?

Als ich anfing zu praktizieren, konzentrierte ich mich vor allem auf die persönliche Entwicklung der einzelnen Partner, auf ihr Wachsen und ihre Fähigkeit, ihre Sichtweise zu ändern und damit sich selbst. Ob diese Entwicklung eine Bereicherung der Beziehung mit sich bringen würde oder aber sie in Frage stellen und schließlich zu einer Trennung führen würde, interessierte mich weniger. Wenn sie sich trennen, so dachte ich, dann sollte es eben so sein: Ihre Wahl war nicht die richtige, oder der Zweck, der sie zusammengeführt hatte, war erfüllt und damit hinfällig.

Im Laufe der Jahre stellte ich fest, dass mich das Schicksal des Paares mehr und mehr interessierte. Schließlich fand ich mich sogar in der Rolle wieder, das Paar gewissermaßen zu »reanimieren«. Eine Idee setzte sich bei mir fest: Das Paar konnte der Therapeut für beide Beteiligten sein, sobald es ihnen gelänge, ihre momentane Blockade zu überwinden.

Wie aber kann das Paar seine therapeutische Aufgabe erfüllen, wenn beide Partner nach Selbstverwirklichung streben und vom Paar erwarten, dies zu ermöglichen? Wie kann das Paar mit den Geschehnissen der Vergangenheit umgehen, die sich unvermeidlich immer wiederholen? Wie mit den Erfordernissen der Gegenwart und den Erwartungen für die Zukunft?

Heute hat jeder die paradoxe Vorstellung, dass das Paar gleichzeitig ein Garant für Stabilität wie für Veränderung sein soll, was immer wieder zu Verunsicherung und zu Trennungen führt.[1]

Nachdem soziale, religiöse und wirtschaftliche Zwänge aufgehoben sind, ist es allein das Herz, das über das Leben zu zweit regiert. Im Gegensatz zu früher, wo man sich der Unwägbarkeiten der Liebe bewusst war und nicht im Sinn hatte, eine Ehe auf dieser fragilen Basis aufzubauen, hat heute das Irrationalste und Zerbrechlichste an uns, aber auch das Aufregendste, absolute Priorität.[2]

Tatsächlich belastet dieses Bedürfnis nach intensiven Emotionen die feste Paarbeziehung enorm. Wenn Paare sich heute sehr häufig trennen beziehungsweise scheiden lassen, dann nicht, weil das Paar an sich an Bedeutung verloren hätte. Im Gegenteil, die Vorstellung von »Paar« ist so emotionsgeladen, dass die panische Angst, sich im Partner womöglich geirrt zu haben, die Menschen mitunter dazu treibt, unablässig weiter nach der idealen Ergänzung zu suchen, mit der das emotionale Erleben noch intensiver sein könnte.

Es gibt keine Paare, die sich nicht in Frage stellen. Wir alle wissen sehr gut, dass die Chancen heutzutage gering sind, als Paar für immer und ewig zusammenzubleiben. Die kulturellen Muster haben sich verändert. Auch wenn sie es sich nicht eingestehen und nicht zwangsläufig zermürbende Zweifel hochkommen, müssen die Partner von Woche zu Woche eine große psychische Anstrengung unternehmen, um eine positive Vision von sich als Paar, aufrechtzuerhalten. Heute stellt ein Paar – sei es nun: traditionell, getrennt und wiederverheiratet, gleichgeschlechtlich oder gemeinschaftlich mit anderen lebend – ein zerbrechliches Gebilde dar, an dem unablässig gearbeitet werden muss, sowohl die Form als auch den Inhalt betreffend. Es ist schwierig geworden, sich in einer Paarbeziehung auszuruhen. Die individuelle Freiheit jedes Einzelnen hat inzwischen einen Grad erreicht, der das Paar keine stabile Institution mehr sein lässt. Es ist ein Ort permanenter Bewegung, von innen bedroht durch die Individualität beider Partner und von außen durch die herrschenden Vorstellungen, die Beziehungen so überhöhen und ihnen eine solche Wichtigkeit zuschreiben, dass die Realität dem kaum standhalten kann.

Dieses Buch ist ein Plädoyer für das Paar. Es zeigt, wie sich eine gemeinsame Entwicklung innerhalb der Beziehung als reicher und interessanter erweisen kann als die Individualisierung, als die Konzentration auf die persönliche Entwicklung, und dies in einer Zeit, in der wir von der Familie allgemein und besonders von einer festen Beziehung oder einer Ehe Halt und Unterstützung erwarten, um zu uns selbst zu finden, uns zu verwirklichen und zu entfalten.

Denn das Zusammenleben als Paar funktioniert wie ein Tanz, bei dem jeder Schritt seine Bedeutung hat. Ich lade Sie ein, diesen Tanz anhand der Paare zu erlernen und zu verstehen, die zu mir in die Therapie gekommen sind und deren Erzählungen uns alle, auch wenn wir allein leben, auf unser eigenes Leben und unsere Vorstellung von Beziehungen zurückverweisen. Möge dieses Buch ein Verständnis dafür wecken, wie wertvoll diese Beziehungen sind und wie sehr sie der ständigen Neugestaltung bedürfen.

Die Beziehungsdynamik

Jeder von uns kennt die Spannung zwischen dem Bedürfnis nach Freiheit und der Sehnsucht nach einer dauerhaften Beziehung, in der man verschiedene Lebenskrisen meistert, um schließlich gemeinsam alt zu werden. Wir müssen unsere Kräfte dafür einsetzen, zu einer eigenen Identität zu finden. Diese Suche wird allerdings zu einem narzisstischen Kult, wenn es nicht gelingt, das Erworbene weiterzugeben und in Beziehungen zu anderen zu nutzen. Teil eines Paares zu sein oder auch einer Gruppe oder Gemeinschaft kann einen vor dem Gefühl bewahren, sein Leben lang ein Zaungast der eigenen Existenz zu sein. Sofern man dazu bereit ist, kann sich die Erfahrung einer Paarbeziehung im Sinne von Schöpfung, von Identitätsfindung, von Übernahme von Verantwortung als genauso bereichernd erweisen wie berufliche Erfüllung oder das Streben nach Selbstfindung. Jenseits der Fata Morgana der leidenschaftlichen Liebe handelt es sich um das Erlernen von Respekt und Demokratie!

Teil eines Paares sein oder nicht? Diese Frage stellt sich sowohl zwischen den beiden Partnern als auch zwischen ihnen und der Welt außerhalb: Wie sehr dem anderen nahe sein, ohne sich dabei selbst aufzugeben? Wie weit sich von der Umgebung abgrenzen, ohne in soziale Isolation zu geraten und in der Illusion einer Verschmelzung miteinander zu leben? Wenn die Vorstellung, ein Paar zu sein, für einen der Partner ein Gefängnis bedeutet, wird er immer versuchen, sich zu entziehen, so wenig wie möglich vom anderen zu erwarten und seine Befriedigung woanders zu finden.

Maries Kindheit war ein einziger Kampf: gegen die Eltern, die die meiste Zeit damit verbrachten, sich zu streiten; gegen eine Mutter, die in allen Schränken des Hauses ihren Alkohol versteckt hielt; gegen die eigene Suchtkrankheit, die sie körperlich peinigte und sie verzweifelt nach Dingen suchen ließ, die ihr das Gefühl zu existieren zurückgeben könnten. Mit Hilfe einer langen Therapie lernte sie die gegen sich selbst gerichtete Gewalt zu beenden und sucht nun nach Ruhe und Ausgeglichenheit. Nach einigen stürmischen Liebschaften lernt sie Jean-Paul kennen, der ihr all das gibt, wovon sie immer geträumt hat: ständige Aufmerksamkeit, gefühlsmäßige Sicherheit, erfüllte Sexualität. Es folgen Hochzeit, Flitterwochen und die ersten Monate des gemeinsamen Lebens. Alles läuft ab wie in rosaroten Mädchenträumen. Die Eheleute, die immer einer Meinung sind, nie streiten, blicken gemeinsam in dieselbe Richtung.

Marie allerdings wird die Illusionen schnell verlieren: Die Fülle ihres sexuellen Erlebens schlägt um in das verzweifelte Gefühl von Frigidität. Ihre Unfähigkeit, Jean-Paul gegenüber die leiseste Unzufriedenheit auszudrücken, aus Angst, eine Krise auszulösen, treibt sie unvermeidlich dazu, ihre Gefühle zu verschweigen oder vorzutäuschen. Die Fassade bleibt vollkommen intakt, dahinter jedoch zeigen sich Risse. Um sexuelle Erfüllung zu finden, landet Marie schließlich in den Armen eines Arbeitskollegen. Vor allem aber läuft es auf eine erste Krise in ihrer Beziehung mit Jean-Paul hinaus.

Aus ihrer schwierigen Kindheit hat sie nur negative Vorstellungen von der Ehe, die für sie der Inbegriff von Zwang und Gewalt ist. Sie glaubte, sich davon frei machen zu können, indem sie schon die Andeutung einer Krise sofort im Keim erstickte und über ihre Beziehung das Klischee einer perfekten Ehe stülpte. Am Ende hat sie selbst an der Verödung der Beziehung mitgewirkt, da sie Befriedigung und Verlangen nur noch woanders erlebte. Die erste Krise dieses Paares hätte schlimm ausgehen können; sie hat sich als heilsam erwiesen und beiden die Möglichkeit gegeben, Erwartungen neu zu formulieren und mehr Intimität zu schaffen.

»Sie feierten Hochzeit und lebten glücklich bis ans Ende

ihrer Tage« – dies ist lediglich ein Klischee. Die Paarbeziehung ist kein Zustand, sondern ein Prozess ständiger Entwicklung, der von aufeinander folgenden Krisen angetrieben wird. Diese Krisen sind vollkommen normal, und ihre Überwindung hält die Beziehung lebendig. Die Bedeutung dieses Mechanismus versteht man besser, wenn man das Paar als Gruppe sieht, als die kleinste lebende Institution, einen geschlossenen Club, der nicht mehr als zwei Mitglieder duldet und bestimmten Regeln gehorcht.

Versammeln Sie zehn Leute, die sich nicht kennen, an einem unbekannten Ort: Sehr schnell werden sich verschiedene Rollen und Aufgaben herausbilden. Die Rollenverteilung wird von den jeweiligen Kompetenzen, aber auch von einem sich selbst organisierenden System abhängen, das auf der Komplementarität dieser Kompetenzen gegründet ist: Diese Gruppe hätte keine Chance zu überleben, wenn es zehn Anführer gäbe, zehn Krieger, zehn Arbeiter, zehn Wachleute oder zehn Späher. Die Entscheidung für bestimmte Begabungen zum Nutzen wiederum anderer Begabungen fällt in einem fortgesetzten Prozess der wechselseitigen Abhängigkeit. Jeder gewinnt dabei, weil die Gruppe stärker ist als der Einzelne. Er verliert aber auch, weil nur ein Teil von ihm für die Belange des Kollektivs gebraucht wird. Der andere Teil läuft Gefahr, zu verkümmern und schließlich abzusterben.

Jede Beziehung unterliegt einer bestimmten Dynamik. Sobald zwei oder mehr Personen eine Verbindung miteinander eingehen, bildet sich eine Gruppe mit ihren ganz eigenen Regeln und Gesetzen, die sich dem Einfluss des Einzelnen entziehen. So wie eine Gruppe losgelöst ist von den Einzelpersonen, die sie gebildet haben, um zu einer geschlossenen Einheit zu werden, so existiert auch das Paar für sich selbst, unabhängig von den zwei Partnern, die es bilden. Das Paar ist also eine dritte Instanz, die eigene mathematische Regeln aufstellt: eins und eins macht drei. Dem Zugriff der beiden

Partner entzogen, nimmt es nach und nach Formen an und entwickelt ein Eigenleben. Es wird regiert von einer bestimmten Anzahl von Regeln, von denen einige klar formuliert sind. Gemeinsam entscheidet man darüber, wie viel Freiraum jedem gewährt wird, wie viel Autonomie, was geteilt werden soll. Eröffnet man ein gemeinsames Bankkonto? Wer macht den Abwasch? Diese scheinbar trivialen Fragen sind wichtig. Sie sind jedoch nicht so entscheidend wie die impliziten Regeln, die weder dem einen noch dem anderen bewusst sind, weil sie unausgesprochen gelten. Die impliziten Regeln funktionieren anscheinend wie von selbst – anscheinend ...

Regeln für ein harmonisches Zusammenleben werden auf allen Ebenen der Kommunikation eingesetzt, von sehr einfachen bis zur hochkomplexen Form. Der sichtbare Teil des Eisbergs, Streitereien und Verhandlungen, liegt im Wesen der Kommunikation selbst, die, wie wir sehen werden, bevorzugt linear und symmetrisch verläuft. Was jedoch unter der Oberfläche brodelt und für Aufruhr sorgt, das sind die Vorstellungen von Intimität, das Gewicht unbewusster Forderungen und die Macht von Projektionen.

Ein Lob auf das Verhandeln oder Auswege aus dem Teufelskreis der gegenseitigen Vorwürfe und Anschuldigungen

Wenn man konstatiert, was Realität ist und was nicht, wenn man also seiner eigenen Existenz einen Sinn verleiht, bedient man sich meist des linearen Denkens, das auf einem kausalen Erklärungsmodell beruht. Das gesamte westliche Denken funktioniert nach diesem Modell von Ursache und Wirkung. Auf diese Weise legt sich jeder die Realität zurecht und stellt eine Reihe von Hypothesen auf, mit deren Hilfe er versucht, etwas von der Komplexität einer Beziehung zu verstehen. Was bedeutet das konkret? Nehmen wir das berühmte

Beispiel des Paares mit dem Mann, der Alkoholiker ist, und der Frau, die Depressionen hat. Was denken sie übereinander?

Der Mann denkt: »Meine Frau macht so ein Gesicht, wenn ich nach Hause komme. Da gehe ich abends lieber in die Kneipe und trinke was mit meinen Kumpels. Wenn ich dann nach Hause komme, habe ich den täglichen Frust vergessen.«

Was denkt die Frau darüber? »Ich bin deprimiert, weil mein Mann Alkoholiker ist. Je mehr er trinkt, desto deprimierter werde ich.«

Beide erklären sich ihre Eheprobleme mit einem Ausschnitt der Realität, der an sich nicht falsch ist, der die Wirklichkeit aber ungenügend wiedergibt. Der eine glaubt, dass aus a b folgt, und der andere, dass b zwangsläufig a nach sich zieht. Beide sind einer linearen Logik verhaftet, die nur einen Teil der Realität erfasst. Die Realität ist so komplex, dass wir permanent das Bedürfnis verspüren, sie zu vereinfachen, um sie zu entschlüsseln. Hierbei behelfen wir uns mit Hypothesen, die jedoch immer linear sind und das, was wir empfinden, in einen Kausalzusammenhang bringen mit dem, was um uns herum passiert. So geraten Paare in einen Kreislauf aus Wechselwirkungen, in dem jeder die Überzeugung des anderen nur bestärkt. Es müsste gelingen, die Realität mit anderen Augen zu sehen, sie in ihrer Komplexität wahrzunehmen, anstatt sie zu vereinfachen. Doch wie kann man diesem Teufelskreis und dieser Simplifizierung im Denken entkommen? Es ist schwer, nicht linear zu denken. Man müsste die beiden Aussagen in einem Zusammenhang sehen, ohne das eine für das andere verantwortlich zu machen. Zweifellos verstärkt die Depression von Madame X den Alkoholismus ihres Mannes, und Monsieur Y wiederum verstärkt die Depression seiner Frau, aber ist das eine trotzdem einzig und allein die Folge des anderen?

Das lineare Denken erfasst nur einen Ausschnitt der Welt, alles wird auf den anderen oder auf einen selbst zurückgeführt. Meist ist das die Ursache für Streitigkeiten. Keiner versucht sich an die Stelle des anderen zu versetzen, weil es ihm nicht möglich ist, zugleich seine Sicht der Dinge und die des anderen wahrzunehmen. Alle beide sehen sich im Zentrum des Geschehens und betrachten das, was um sie herum geschieht, als gegen sich gerichtet.

Eine meiner bevorzugten Übungen in der Paartherapie besteht darin, den einen Partner Wort für Wort wiederholen zu lassen, was der andere gerade gesagt hat. »Du bist ein egoistisches Monster«, beklagt sich die Frau, »unfähig, auch nur irgendeine Leidenschaft oder Andeutung von Zärtlichkeit zu zeigen. Du bist nur mit deiner Karriere und deinem Erfolg beschäftigt. Du hast mich meiner Familie und meinen Freunden entfremdet, du hast mein Leben in eine öde Wüste verwandelt…« Er betrachtet sie mit unbewegter Miene, zuckt überdrüssig mit den Schultern oder verschränkt seine Arme, um den Angriff abzuwehren. Auf die Aufforderung hin, die Worte seiner Partnerin zu wiederholen, tut er dies zunächst unbeholfen, dann wechselt sein Ton und wird emotionaler: Nach und nach verlässt er seine eigene Position und dringt in die Gefühle seiner Freundin ein. Er unterschreibt sie nicht, er kann sie jedoch aus einer Empathie heraus nachvollziehen. Sie wiederum hört ihre eigenen Worte aus dem Munde des Mannes, mit dem sie auf so schmerzvolle Weise ihr Leben teilt. Zuerst ist sie überrascht, dann löst sie sich verwirrt von ihren Anschuldigungen. Jetzt verlässt sie ihre Position und tritt sozusagen in die Beziehung ein; dies wird auch der nächste Schritt des Mannes sein. Das Paar findet sich in dieser Bewegung wieder, der Paartanz wird wieder aufgenommen.

Kommen wir zu unserem anderen Paar zurück, die Frau depressiv, der Mann Alkoholiker. Viele andere Dinge können in ihrem Leben selbstverständlich auch eine Rolle spielen.

Sie sind womöglich existenziellen Sorgen oder beruflichen Schwierigkeiten ausgesetzt oder haben beispielsweise ein heranwachsendes Kind, das ihnen durch Schulversagen, Ausreißen von zu Hause oder Suchtverhalten Probleme bereitet. Es wäre denkbar, dass das Kind Schwierigkeiten hat, weil die Beziehung seiner Eltern schlecht ist. Aber auch dies wäre eine lineare Erklärung. Und warum sollte es nicht umgekehrt möglich sein: dass die Beziehung schlecht ist wegen des Heranwachsenden? Das ist wie die Geschichte mit der Henne und dem Ei, man entkommt ihr nicht.

Und doch gibt es Auswege: Indem man von sich spricht und nicht vom anderen; indem man Wünsche formuliert, statt anzuklagen; aber vor allem, indem man sich eher über das Paarsein austauscht als über den jeweiligen Partner. Das übrigens ist genau das Prinzip der Paartherapie. Der Therapeut ist ein Dritter, der sich mehr für die Beziehung interessiert als dafür, wie jeder der Partner sich selbst sieht. Er kann Wechselwirkungen ansprechen und zeigen, wie jeder in einem Teufelskreis feststeckt. Die Intervention eines Dritten ist oft notwendig. Ein Kind, das bestimmte Symptome entwickelt, wird die Aufmerksamkeit ganz auf sich lenken, so dass das Paar sich um dieses Kind herum versammeln wird, ähnlich wie ein Therapeut sie hätte zusammenbringen können. Es ist einfach logisch, dass es eine Instanz geben muss, die dem Paar eine »Meta-Kommunikation« erlaubt, um der Linearität zu entkommen, das heißt, dass das Paar über die Beziehung spricht und aus dem Hin und Her gegenseitiger Vorwürfe aussteigt. Dies läuft letztlich nur darauf hinaus, den anderen für sein eigenes Unglück verantwortlich zu machen.

Es gibt Paare, bei denen funktioniert der Rundumblick auf die Realität von selbst. Sie sprechen über ihre Beziehung. Wenn Störungen oder ein Leidensdruck sich bemerkbar machen, sprechen sie dies an und schaffen es, sich von der Vorstellung zu befreien, dass der andere schuld ist. Sie wissen, dass jeder seinen Teil zu diesem gemeinsamen Leid beigetragen hat. Sobald sich ein Paar auf dieser Basis verständigt, ist es dem System von Vorwürfen und Gegenvorwürfen entronnen und kann gemeinsame Ziele neu feststecken. Es geht nicht darum, die Welt neu zu erfinden und das grundlegende Übereinkommen, die Grundsätze der Ehe umzudefinieren! Es geht vielmehr um die ganz alltäglichen und sehr konkreten Belange einer Beziehung. Häufig sind es die Kinder, um die sich ein Paar neu gruppiert, wenn es zum Beispiel um so simple Fragestellungen geht wie: Darf unsere 14-jährige Tochter bis zwölf oder bis ein Uhr nachts ausgehen? Mit dieser Frage kommt man zu einer Einigung über ein gemeinsames Projekt, das in dem Kräftespiel des Paares die Funktion eines Dritten annimmt. So sind Paare Tag für Tag damit beschäftigt, verschiedene Ziele neu zu stecken und darüber zu verhandeln.

Ganz unbestritten entscheidet die Qualität der Verhandlungen darüber, ob man sich laufend vom anderen dafür verantwortlich gemacht fühlt, dass dieser unsere Wünsche nicht versteht. Und umgekehrt. Stellen wir uns zum Beispiel ein Paar vor, das essen gehen will. Die Frau möchte am liebsten Pizza essen, ist sich jedoch sicher, dass ihr Mann lieber Fisch möchte. Sie sagt nichts über ihre Lust auf Pizza und schlägt ein Fischrestaurant vor, wobei sie innerlich jedoch grollt. Sie wird sagen: »Lass uns in dieses Fischrestaurant gehen, das du so magst«, und gleichzeitig denken: »Ich muss mein Leben danach ausrichten, was ihm Spaß macht, und komme zu nichts, worauf ich selbst Lust habe.« Das ist der Bereich des Unausgesprochenen. Als es um die Frage geht, welches Restaurant man aussucht, spricht sie ihren eigenen Wunsch nicht aus. Sie richtet sich in ihrem Status als williges Opfer ein. Dabei hätte sie verhandeln und beispielsweise Folgendes vorschlagen können:

»Ich habe Lust auf Pizza, du willst sicher lieber Fisch. Lass uns für heute Abend das aussuchen, was du gerne möchtest, aber das nächste Mal gehen wir woanders hin.« Oder: »Wie wäre was ganz anderes? Wir könnten dieses neue kleine Restaurant ausprobieren, das gerade eröffnet hat.«

Es gilt, einer Verhandlung nicht aus dem Weg zu gehen, sondern sie so, wie sie verläuft, zu akzeptieren und weiterzuführen: – sonst kommt man der Anerkennung eigener Wünsche keinen Schritt näher. Ziehen Regierungen nicht auch durch Verhandlungen die Grenzen zwischen zwei Ländern neu, und ist es nicht genau das, worum es hier geht?

Meistens verweigert man das Verhandeln, weil jeder es vorzieht, seine Sicht der Dinge zu behalten. Selbst wenn es schmerzhaft erscheint, ist es im Grunde bequemer, den anderen für das eigene Unglück verantwortlich zu machen. Der Mann, der meint, seine Alkoholsucht hinge mit der Depression seiner Frau zusammen, muss sich nicht mit anderen Dingen in seinem Leben auseinander setzen, die weit beunruhigender für ihn wären (sein berufliches Scheitern, die Sorge um seine an Krebs erkrankte Mutter und so weiter). Das System von Anklage und Schuldzuweisung ist auch für ihn leidvoll, gleichzeitig aber hilft es ihm! Es ist offensichtlich, dass sich das Paar nach diesem Mechanismus ausgerichtet hat. Paradoxerweise hilft er jedem der Partner durchzuhalten. Man könnte dies mit einem pubertierenden Jugendlichen vergleichen, der die Eltern für seinen ganzen Kummer und Schmerz verantwortlich macht. Dies gibt ihm die Möglichkeit, sich aus der Umklammerung seines inneren Aufruhrs zu befreien.

Die Kunst der Neudefinition von Rollen oder Wie man beim Streiten die Eskalation vermeidet

Von nicht stattfindender Verhandlung zum Streit ist es nur ein kleiner Schritt, der oft ohne lang zu zögern und mit Schwung genommen wird. Hier eine alltägliche Szene: Der Mann kommt nach Hause. Seine Frau hat schlechte Laune. Sie bereitet gerade das Essen vor. Stellen wir uns folgenden Dialog vor:

»Du kommst jetzt erst?«

»Was glaubst du denn? Dass ich das zum Spaß mache? Für wen arbeite ich denn deiner Meinung nach? Ich habe es satt, nach Hause zu kommen, und meine Frau zieht ein langes Gesicht.«

»Wenn ich ein langes Gesicht ziehe, wie du sagst, dann deswegen, weil du dermaßen unfreundlich bist, dass ich nicht weiß, warum ich dich anlächeln sollte.«

»Ach ne, lächeln, man kann nicht behaupten, dass deine Mutter dir öfter mal gezeigt hat, wie das geht.«

»Findest du etwa, dass deine Mutter ein Ausbund an Güte und Liebenswürdigkeit ist?«

Und so weiter.

Hier eskaliert der Streit symmetrisch. Jeder pariert die Angriffe des anderen spiegelbildlich. Beziehungen sind entweder auf Gleichheit oder auf Ungleichheit gegründet. Im ersten Fall tendieren die Partner dazu, sich spiegelbildlich zu verhalten. Sie suchen Ähnlichkeiten und versuchen Unterschiede möglichst zu minimalisieren.[3] Das Streben nach Gleichheit ist selbstverständlich eine wunderbare Sache in einer Ehe, sie führt jedoch schnell zu Verhaltensweisen wie Wettbewerb, Rivalität, Konkurrenz: Ironie wird mit Ironie beantwortet, Feindseligkeit mit Feindseligkeit, Wut mit Wut.

Solange man in der Symmetrie verharrt: »Du machst doch so ein Gesicht!« – »Ja, wegen dir!« –, entkommt man dem

Teufelskreis nicht, von dem wir gesprochen haben. Zwischen Individuen wie zwischen Völkern kann man beobachten, dass Gleichheit nur dann Sicherheit gibt, wenn man sich in dem Orwell'schen Sinne miteinander arrangiert: nämlich immer »ein bisschen gleicher zu sein als der andere«. Das System wird ausgereizt, und was dabei herauskommt, sind Szenen und Konflikte zwischen Individuen; und zwischen Völkern gibt es Krieg.

Im zweiten Fall, der Ungleichheit, findet das Verhalten des einen Ergänzung durch das des anderen. Man nennt es auch komplementär. Jeder der Partner hat seinen festgelegten Platz wie zum Beispiel in der Beziehung Mutter-Kind, Arzt-Patient, Lehrer-Schüler. Es ist ein solidarisches Verhalten, das nicht deckungsgleich, sondern dem anderen angepasst ist. Jeder akzeptiert den Platz, den der andere einnimmt, und es herrscht Einigkeit über die Art der Beziehung.

Es ist sicherlich so, dass die meisten Paare sich irgendwo zwischen diesen beiden Positionen bewegen, zwischen Symmetrie und Komplementarität. Im ersten Fall befinden sich beide auf Augenhöhe. Wenn sie sich über den Abwasch oder herumliegende Socken streiten, dann testen sie aus, welche Rolle und welchen Platz sie im Paar jeweils einnehmen. Die Beziehung ist nicht fest abgesteckt, aber kreativ. Im zweiten Fall sind die Partner mit den Funktionen, die ihnen vom Paar zugeteilt wurden, einverstanden – oder geben es zumindest vor: der Mann ist der Beschützer, die Frau das Kind, es gibt die mütterliche Ehefrau und den treusorgenden Ehemann. Die Beziehung ist klar abgesteckt, birgt aber kaum Entwicklung.

Der einzige Weg, der Symmetrie zu entkommen, ist der Wechsel zu einem komplementären Verhalten, was bedeutet, sich über die Kommunikation auszutauschen, die aus dem Ruder zu laufen droht. Der Mann könnte irgendetwas über sich selbst sagen:

»Entschuldigung, aber ich bin müde, ich habe so viel zu tun, dass ich nur noch schlechte Laune habe, es tut mir wirklich Leid.«

Oder irgendetwas über sie:

»Ich kann gut verstehen, dass es nervig ist, nach Feierabend noch diese ganze Hausarbeit machen zu müssen.«

Oder er sagt etwas über die Beziehung:

»Was meinst du, sollten wir uns nicht einen schönen Abend machen und im Restaurant essen?«

Wenn man über das spricht, was gerade passiert, bewegt man sich in der Komplementarität, denn ein solches Gespräch führt zu einer neuen Rollenverteilung. Nun kann das Gespräch eine neue Wendung nehmen:

»Ich bin alles andere als glücklich damit, so viel zu arbeiten, aber ich habe den Eindruck, mich für meine Familie abzurackern.«

»Ich komme mit diesem doppelten Arbeitstag nicht zurecht: mein Job und der Haushalt.«

In anderen Worten: »Können wir uns auf etwas einigen, das diese unbefriedigende Situation ändern würde?«

Oder: »Könnten wir die Unzufriedenheit gemeinsam tragen – als etwas, auf das wir kaum Einfluss haben?«

Sowie man sich in der Komplementarität bewegt, kommt es automatisch zur Deeskalation. Das Paar ist nun dazu aufgerufen, gemeinsam zu überdenken, wie jeder sich die Beziehung vorstellt. Um zu verhindern, dass jeder auf seinem festgeschriebenen Platz verharrt, gibt es nur einen Weg: ein Gespräch auf gleicher Augenhöhe zu führen. Ein Soldat kann sich das gegenüber einem Vorgesetzten nicht erlauben, wohl aber ein Kind gegenüber seinen Eltern, um sich zu messen und daran zu wachsen. Es geht also nicht darum, die Symmetrie, in der sich einiges an Konfliktstoff ausräumen lässt und neue Regeln ausgehandelt werden können, grundsätzlich zu vermeiden, sondern darum, flexibel zwischen

Symmetrie und Komplementarität hin und her zu wechseln.

Nun ist es nicht immer einfach, die symmetrische Eskalation zu beenden, vor allem, wenn man das diffuse Gefühl hat, dass derjenige, der einen Schritt in Richtung Komplementarität unternimmt, im Begriff ist, die Oberhand zu gewinnen:

»Ja, ich kann gut verstehen, dass es für dich ziemlich ermüdend ist, immer Essen zu machen. Ich würde dir ja helfen, wenn ich nicht so viel arbeiten müsste.«

Sie könnte jetzt hinüberwechseln zur Symmetrie und sagen:

»Du redest von helfen! Du kannst ja nicht mal die Teller ordentlich wegräumen.«

Und schon geht es wieder los. Zwischen den Partnern müsste es eine stillschweigende Übereinkunft geben, von einer Kommunikationsebene auf die andere zu wechseln.

Die Beziehung eines Liebespaares ist ausgesprochen symmetrisch, da sie vornehmlich auf der Gleichrangigkeit der Partner gegründet ist. Die Beziehung eines Ehepaares, mit allem, was sie an Tradition und Aufgabenverteilung mit sich bringt, ist eher komplementär. Die große Schwierigkeit moderner Paare liegt offensichtlich darin, Regeln aufzustellen, die hauptsächlich auf dem guten Willen des Einzelnen beruhen. Daher die häufigen eskalierenden Auseinandersetzungen!

Eines der wichtigsten Instrumente der Paartherapie ist die Dreiecks-Konstellation. Der Therapeut bildet eine dritte Instanz, die das Paar verkörpert und jedem der Partner Gelegenheit gibt zu reden. Er benennt die Abkommen, die Regeln und die verschiedenen Arten des Zusammenseins, als hätte die »Paar-Instanz« selbst das Wort. Natürlich kann man auch ohne die Hilfe eines Therapeuten über diese Dynamik sprechen, es erfordert jedoch beträchtliche Anstrengung, die gewohnten Bahnen zu verlassen. Während der Paartherapie beginnt der Therapeut mit einem der Partner einen Austausch. Er spricht alltägliche, harmlose Dinge an, um von dort Schritt für Schritt zu den intimeren Angelegenheiten zu kommen. Der andere Partner agiert dabei als Zuschauer eines für ihn ungewohnten Austausches: Er sieht und hört seinen Partner in Vertraulichkeit und Intimität mit einem anderen. Anschließend geschieht der Austausch mit dem anderen Partner. Dann wiederum kann der Therapeut das Paar auffordern, sich miteinander zu beschäftigen, während er selbst die Rolle des Beobachters einnimmt. Der Wechsel von der Position des Zuschauers zu der des Akteurs bringt allein schon deswegen die Dynamik zwischen den beiden voran, weil sie sozusagen nicht mehr »im« Paar feststecken.

Der richtige Abstand und der »gemeinsame Topf«

Wenn man das Paar als eine Art Behältnis begreift, als einen »gemeinsamen Topf«, in den jeder seine Erwartungen, Wünsche und Vorstellungen vom Zusammensein hineingibt, wird verständlich, warum die impliziten Regeln am wichtigsten für die Beziehungsdynamik sind. Sie nämlich bestimmen das Maß von Nähe und den Abstand, den die Partner beanspruchen und sich gegenseitig gewähren. In diesem gemeinsamen Topf wird das enthalten sein, worüber man spricht, und das, worüber man nicht spricht. Dort wird sich auch das, was man teilt, und das, was man für sich haben will, finden. Es gibt Paare, die sich von Anfang an auf Transparenz verständigen: Man sagt sich alles. Andere behalten bestimmte Dinge, über die sie sich als Individuum definieren, lieber für sich. Diese zu teilen hieße für sie, ihre Autonomie aufzugeben.

Der richtige Abstand wird mittels einer indirekten, sehr entschiedenen Verhandlung abgesteckt, denn er berührt ausgesprochen wichtige, existenzielle Fragen. In der Realität ist es so, dass Paare die ersten Monate, ja die ersten Jahre mit dem Aushandeln dieses Abstands verbringen, der niemals für beide genau der gleiche sein wird.

Aus der Notwendigkeit, den Abstand permanent neu zu bestimmen, entstehen die Krisen. Einen Schritt vor, einen zurück, einen zur Seite, so tanzen die Paare immerfort eine Art Tango, um zu klären, was in den gemeinsamen Topf hineinkommt und was jeder für sich tut: sein berufliches Engagement, Sport oder Aktivitäten im Freundeskreis.

Entscheidend für die Art des gemeinsamen Topfes sind in hohem Maße die Diskussionen rund ums Geld. Am Geld lässt sich die Art der Beziehung gut erkennen. Bestimmte Paare behalten immer getrennte Bankkonten und könnten sich ein gemeinsames überhaupt nicht vorstellen. Andere wiederum eröffnen ein gemeinsames Konto, haben aber jeweils noch ein eigenes und stimmen sich darüber ab, was in den gemeinsamen Topf kommt. In der Paartherapie ist es sehr aufschlussreich, über diesen konkreten Aspekt, der ein ganzes Bündel an Vorstellungen enthält und widerspiegelt, zur Dynamik des Zusammenlebens zu kommen.

Marc und Alice sind beide Lehrer. Sie verdienen in etwa das Gleiche. Für die so genannten laufenden Kosten haben sie ein gemeinsames Konto: für Essen, Miete, Telefon etc. Beide haben auch ein eigenes Konto für das, was sie als persönliche Ausgaben betrachten.

Ich frage Alice: »Was bezahlen Sie von Ihrem eigenen Konto?«

»Ich zahle den Friseur und meine Kleidung«, antwortet sie.

Scherzhaft frage ich weiter: »Wenn Sie zum Friseur gehen und sich schön machen lassen, tun Sie das dann für ihn oder für die Leute, die Sie auf der Straße treffen? Und wenn Sie hübsche Kleidung tragen, gefällt ihm das dann nicht?«

Sie antwortet: »Doch, natürlich. Daran denke ich immer, wenn ich mir etwas Schönes zum Anziehen kaufe.«

Es ist also Geld, das sie für das Paar ausgibt. Wieso denkt sie, es wäre eine persönliche Ausgabe?

Anhand konkreter Beispiele lässt sich erkennen, welche Vorstellung jemand davon hat, was zum Paar gehört und was zu ihm selbst. Diese Frau und dieser Mann sind felsenfest davon überzeugt, dass sie sich finanzielle Autonomie bewahren müssen. Meine Bemerkung zielte nicht auf ihr gemeinsames Konto ab, sondern darauf, dass sie sich größere Klarheit darüber verschaffen, was für sie zur Beziehung gehört und was draußen bleiben soll. Dies bringt sie dazu, über ihren Raum für sich persönlich und ihre Autonomie nachzudenken und sich dessen bewusst zu werden, was nicht so selbstverständlich ist. Denn eigentlich gehört der Raum, den sie für ihren persönlichen halten, zu dem des Paars. Und das, was dem Paar zugeordnet ist, dient auch jedem persönlich. Wenn Marc beispielsweise sagt: »Ins Kino geh ich von meinem Geld«, könnte man denken, das wäre sein persönlicher Raum. Aber wenn er nun mit Alice über den Film reden möchte, wenn er nach Hause kommt? Diese Sache mit den getrennten Konten ist also illusorisch, jedoch sehr aufschlussreich, denn dahinter steckt die Idee, dass jeder sehr wohl seinen ganz autonomen Bereich hat.

Von hier gelangt man zur Frage des »tiefsten Inneren«. Welche Gedanken, welche Phantasien, welche Empfindungen und welche Gefühle haben ihren Platz in dem gemeinsamen Topf? »Woran denkst du?« – »An nichts« – ist das genaue Äquivalent zur Frage eines gemeinsamen Kontos oder getrennter Konten. Die Antwort entschlüsselt sich auf verschiedene Weise: »Ich denke an nichts, was uns als Paar weiterbringen würde« oder: »Ich denke an nichts, was dich interessieren könnte« oder auch: »Ich finde, das interessiert dich zu sehr«. Was empfindest du? Diese Frage steht im Kern der

Paarbeziehung, auf Gedeih und Verderb. Wem ist diese Wut zuzuschreiben, die mich ergreift, wenn ich dir heute Abend wieder begegne? Hat sie mit meinen beruflichen Sorgen zu tun? Bist du es, die sie auslöst, weil ich auf deinem Gesicht sehr wohl diesen vorwurfsvollen Ausdruck gesehen habe? Resultiert sie aus unserer Beziehung und den ganzen Unzufriedenheiten? Oder ist es die niemals ausgelebte Wut auf deinen Vater, die du wieder einmal auf mich projizierst? Welche Anteile an dieser Flut von guten oder weniger guten Emotionen, die unsere Beziehung tagtäglich mit sich führt, gehören zu dir, welche zu mir, welche zu uns beiden?

Neben den Vorstellungen, den Gefühlen, dem Geld gibt es auch die Freunde. Sind deine Freunde genauso meine Freunde? Welche sind unsere gemeinsamen? Alleine mit Freunden auszugehen fließt auf jeden Fall in den gemeinsamen Topf mit ein. Wer der Meinung wäre, dass alles, was einer außerhalb des Paares tut, einem persönlichen Angriff gleichkommt (»alles, wobei du mich nicht einbeziehst, ist gegen das Paar«), dem würde ich wohl sagen, dass genau das Gegenteil der Fall ist. Alles, was man außerhalb des Paares tut, bereichert die Beziehung. Es sind sogar Situationen vorstellbar, in denen anderweitige sexuelle Abenteuer zu bereichernden Erfahrungen des Paares werden.

Ich empfange ein Paar, dem es gerade wieder besser geht. Sie hatten vor einem Monat, als sie sich mitten in einer Krise befanden, telefonisch sofort um einen Termin gebeten, aber ich musste sie vertrösten. Mittlerweile haben sie über ihre Krise geredet und eine Reihe von Entscheidungen getroffen. Die Eskalation begann an dem Tag, als Paul seiner Frau Odile vom Besuch gewisser Etablissements erzählte. Er liebt seine Frau, ist aber der Meinung, dass diese Erfahrungen wichtig für seine persönliche Entwicklung waren. In seinen Augen hat Paul seine Frau nicht betrogen, da es sich nur um »sexuelle Abenteuer« handelte, wie er sagt. In diesem Zusammenhang erfahre ich außerdem, dass Odile einige Jahre zuvor einen Liebhaber gehabt hatte, wovon Paul wusste. Das passierte zu einer Zeit, als das Paar ein wenig angeschlagen war. Dadurch, dass sie darüber gesprochen hatten, konnten sie an anderer Stelle wieder neu beginnen. Die zentrale Frage ihrer seit dieser Zeit laufenden Verhandlungen ist, ob sie als Paar weiterbestehen können. Sie leben seit fünfzehn Jahren zusammen und haben zwei Kinder. Paul ist vor zwei oder drei Jahren arbeitslos geworden; er fühlte sich ganz und gar sich selbst überlassen und hatte ohne Zweifel leichte Depressionen. Damals hatte alles angefangen. Vorher war Paul immer voller Lebensfreude gewesen, jetzt aber fühlte er sich dermaßen schuldig, dass für ihn, nach dieser Beichte, nur noch die Trennung blieb.

Er sagte ihr: »Ich möchte das offen ausleben, und ich glaube nicht, dass ich das mit dir zusammen könnte.« Odile, die der Gedanke an eine Trennung in Panik versetzte, begann in Betracht zu ziehen, dass sie es akzeptieren könnte. Es kam für sie nicht in Frage, am Abenteuer des Partnertauschs teilzunehmen. Es gibt Paare, die sich über wechselseitige Untreue aneinander binden, was Odile jedoch für sich vollkommen ausschloss. Sie dachte einfach darüber nach, ob sie eventuell mit der Idee leben konnte, dass Paul diese Art Erfahrungen für sich allein erlebte. Sie haben mich aufgesucht, weil Odile trotzdem auch die Möglichkeit einer Trennung in Betracht zieht und weil sie darüber eingehender sprechen wollen. Die Qualität des Gedankenaustauschs, den sie rund um dieses Thema haben, verblüfft mich. Es geht um ihre Phantasien, ihre Bedürfnisse, ihre Wünsche, um die Rolle, die jeder dem anderen gegenüber einnimmt, um die Erwartungen, die sie aneinander haben, und um das affektive Defizit, das Paul Odile gegenüber fühlt. Sie entspricht nicht ganz genau dem, wie er sie sich wünscht. Im Endeffekt haben sie aufgrund dieser Geschichte entdeckt, dass sie mehr ineinander verliebt sind, als sie anfänglich geglaubt hatten.

Manchmal werden überraschende Dinge im gemeinsamen Topf platziert. Dass Paul seine sexuellen Abenteuer dort hineintat, hat das Paar, das immer mehr auf der Stelle trat, für etwas geöffnet, das fast Wunder bewirkte. Zwar hatten sie schon zuvor über ihre Sexualität und dass sie unbefriedigend war gesprochen, aber weiter waren sie nicht gekommen. Odile hatte generell kein sehr starkes Verlangen. Das betraf nicht speziell ihre Beziehung zu Paul, sie war so veranlagt. Das Paar hatte also wenige sexuelle Begegnungen, wobei Paul Lust gehabt hätte, Odile öfter zu verführen. Ihr Sexualleben frustrierte Paul, der jedoch durch sein berufliches Engagement und im Familienleben mit den Kindern einen Ausgleich fand. Unbestritten war es seine Arbeitslosigkeit, die die Krise zum Ausbruch brachte. Sie stellte den Bruch in ihrem Leben dar. Jetzt glaubte er, seine Frustration befrieden zu müssen. Paul hatte vielleicht in seiner Phantasie ein reiches Sexualleben, worüber er sich jedoch ausschwieg. Hätte er mit Odile über seine Phantasien gesprochen, anstatt sie anderswo auszuleben, wären sie sexuell sicherlich in Bewegung geraten. Er hielt dies für ausgeschlossen, dabei wäre es möglich gewesen. Desgleichen hätte Odile denken können, dass eine größere Offenheit von seiner Seite die Karten zwischen ihnen neu gemischt hätte. Hätten sie sich alles sagen sollen? Ich weiß es nicht. Was man teilt und was nicht, ist bei allen Paaren ein ständig unter der Oberfläche mitschwingendes Thema. Es steht im Zentrum all der häuslichen Auseinandersetzungen, Gekränktheiten und Versöhnungen.

Häufig sagt einer der Partner (überwiegend die Frau): »Ich gebe alles und von ihm kommt nichts.«

Oder: »Ich gebe wesentlich mehr als er.«

Oder: »Immer bin ich es, die redet, und er sagt nichts.«

Auf den ersten Blick stimmt es so. Betrachtet man allerdings das Paar als regulierende Instanz für den Einzelnen, arbeite ich lieber mit dem Gedanken, dass sie übereingekommen sind, ein Paar zu bilden, bei dem es ihre Rolle ist, über das Paar zu sprechen, und seine Rolle, derjenige zu sein, der darüber nicht spricht. Diese Regelung bestimmt die Beziehungsdynamik. In Paartherapien schließe ich mich weder dem einen noch dem anderen Partner an. Meine Aufgabe als Therapeut besteht darin, alles in den gemeinsamen Topf zu tun.

Das explizite Projekt und der implizite Vertrag oder Was man vom Paar erwartet, ist nicht immer das, was man glaubt

Wie bei traditionellen Heiratsanträgen drückt jeder der Partner einen expliziten Wunsch an den anderen aus. »Ich hätte gerne ein Paar, das nach den und den Regeln funktioniert, mit einem gemeinsamen Konto oder getrennten Konten.« Die Frau kann sich sagen: »Ich möchte einen Beschützer, weil ich mich schwach fühle. Diesen Mann wähle ich deswegen, weil er eine starke Schulter zum Anlehnen hat, eine gute berufliche Stellung etc.« Der Mann wiederum sieht Frauen als zarte zerbrechliche Wesen, die er beschützen muss. Der Wunsch, den beide ausdrücken mögen, stellt eine Art Abziehbild dar. All diese offenkundigen Vorstellungen gehören schon ab dem Moment zur Austauschebene des Paares, an dem sie sich herausbilden. Die Frau, die einen starken Mann sucht, und der Mann, der ein zerbrechliches Küken sucht, haben sich genau deswegen getroffen, weil ihre expliziten Wünsche übereinstimmen. Häufig decken sich diese Wünsche nicht mit dem impliziten Vertrag, das heißt mit den unbewussten Wünschen, die aufgrund von Erfahrungen in der Vergangenheit entstanden sind.[4] Vielleicht ist es der unbewusste Wunsch dieser Frau, einen Mann zu finden, auf den sie Macht ausüben kann. Er wiederum mag Angst vor Frauen haben und lieber große Distanz wahren, weil er in ihnen eine Bedrohung sieht. Er wählt nicht deswegen ein zartes Küken, weil er Lust hat, es zu beschützen, sondern weil er Angst vor ihm hat. Zu einer Krise des Paars kommt es dann, wenn die impliziten Verträge sich nicht mehr miteinander vertragen und für Konfliktstoff sorgen.

Diane und José leben seit fünf Jahren zusammen. Ihr Plan war es immer, Kinder zu haben. Als sie darangingen, dies zu verwirklichen, wurde ihnen bewusst, dass sie sich immer häufiger stritten. Sie zweifelten ihre gegenseitige Liebe nicht wirklich an, stellten sich aber dennoch Fragen. War diese Spannung zwischen ihnen nicht dadurch entstanden, dass sie konkret über ein Kind nachdachten, also darüber, eine Familie zu gründen? Selbst wenn es niemals das Vorhaben an sich war, worüber sie stritten, fragten sie sich, ob es nicht doch der Grund war für ihre Ängste.

Die beiden sind ein schönes Paar. Diane ist halb Afrikanerin, sehr attraktiv und aus guter Familie. In ihrem Beruf ist sie erfolgreich. Auch José sieht gut aus, er ist freundlich und zuvorkommend. Als gebürtiger Spanier pendelt er aus beruflichen Gründen zwischen Spanien und Frankreich. Dianes Vater, ein Schwarzafrikaner, ist Diplomat und hat eine Französin geheiratet. Die Familie ist viel gereist. In kultureller Hinsicht betrachtet Diane ihre Herkunft und Abstammung als Pluspunkt. Sie sagt: »Dadurch habe ich die Möglichkeit, mich zwischen verschiedenen Kulturen, verschiedenen Lebens- und Denkweisen hin und her zu bewegen.« Mit Afrika, wo die Familie ihres Vaters lebt, fühlt sie sich sehr verbunden. Gleichzeitig sieht sie sich ausgesprochen westlich. Erzogen und ausgebildet in Europa, hat sie einiges an Qualitäten hinsichtlich Leistung und Erfolg aus der westlichen Kultur geschöpft. Über eine lange Zeit sei es ihr geglückt, wie sie erklärt, das jeweils Beste aus beiden Kulturkreisen und aus ihrer doppelten Zugehörigkeit für sich zu nutzen.

Nach und nach wird klar, dass es so einfach nun auch wieder nicht ist. Diane fühlt sich im Grunde innerlich zerrissen. Es gibt zwei Seiten in ihr, die sich bekämpfen. Nach einem Besuch in Afrika erzählt sie: »Es ist großartig dort. Ich fühle mich wohl, ich kann mich vollkommen entspannen. Es herrscht eine echte Lebensfreude, man ist nicht immer gezwungen, etwas darzustellen, so wie hier eine Show abzuziehen, sich nur in Machtstrukturen zu bewegen und unter Erfolgszwang zu stehen. Zu den Leuten dort kann man echte Beziehungen haben. Ich frage mich, was ich hier tue. Ich bin immer gestresst und voller Ängste. Wozu soll das gut sein?«

Diane befindet sich tatsächlich in einem großen Zwiespalt, was ihre Pläne und ihr Leben betrifft. José teilt in etwa ihre Werte, was beruflichen Erfolg und soziales Leben betrifft. Ihr Projekt heißt: »Wir werden ein fantastisches, unternehmungslustiges und außergewöhnlich erfolgreiches Paar sein.« Sie haben sich gewählt, weil sie beruflich das Gleiche tun und auch ihr Ehrgeiz der gleiche ist. Diane ist übrigens das jüngste Kind der Familie, ihre zwei Brüder sind wesentlich älter als sie. Sie war immer der Liebling ihrer Mutter und sehr behütet. Sie hatte das Bedürfnis nach einem starken Mann, stattlich und mit breiten Schultern, der sie wie ihre Brüder beschützen sollte. José entspricht ganz und gar diesem Beschützerbild. Wenn man sich die beiden ansieht, erscheinen sie einem wie das ideale Paar. Sie verkörpern das Gelingen der multikulturellen Paargemeinschaft.

José hat seinen Vater in sehr jungen Jahren verloren. Als Ältester wurde er zum starken Mann in der Familie. Diane wirft ihm paradoxerweise vor, dass er unfähig sei, Entscheidungen zu treffen. Seiner Ausstrahlung von Stärke und Verlässlichkeit zum Trotz hat er alle wichtigen Entscheidungen ihr überlassen: den Zeitpunkt des Zusammenziehens, die Wahl der Wohnung, die anstehenden Reisen etc. In gewisser Hinsicht lässt er sich mehr und mehr von ihr mitziehen. Das

Paar birgt für José folglich etwas, was ihm in seinem Leben immer gefehlt hatte: jemanden, auf den er sich stützen kann. Das Bild des starken und selbstsicheren Mannes ist auf Sand gebaut. Er hat nie einen wirklichen Halt gehabt. In Wahrheit sucht er eine starke Frau, die ihn auffängt. So wie sich in Diane eine Kluft auftut zwischen der »erfolgreichen Kämpferin« und der »Frau, die einfach nur leben will«, befindet sich auch José in einem Zwiespalt: »Ich bin stark und ein Beschützertyp« und: »Ich bin ein Mann, der schutzbedürftig ist und Halt sucht«.

Josés Mutter ist sehr gegen seine Verbindung mit Diane, weil sie schwarz ist. Der Gedanke an eine afrikanische Schwiegertochter und an farbige Enkel lässt ihr keine Ruhe. José steht seiner Mutter sehr nahe. Nach außen hin gesteht er sich den Vorbehalt seiner Mutter nicht einmal in Gedanken ein, denn schließlich hat er sich für Diane entschieden, gleichzeitig macht ihm die Haltung seiner Mutter jedoch großen Kummer. Diese kulturelle »Schwellenangst« findet ihren Widerhall in Dianes Problemen mit ihrer doppelten Zugehörigkeit. Zusammengenommen schafft dies zwischen ihnen eine echte Identitätskrise, die sich nicht mehr auf der Ebene ihres expliziten Vorhabens manifestiert, sondern auf der ihres impliziten Übereinkommens. Ihr explizites Vorhaben, eine Familie zu gründen, bringt den Missklang ans Licht. Bisher spielte sich Josés Leben zwischen Frankreich und Spanien ab. Diane und er führten eine Wochenend- und Urlaubsbeziehung, ohne ein wirklich gemeinsames Leben.

Die Probleme tauchten in dem Moment auf, als sie beschlossen, einen gemeinsamen Haushalt zu führen und eine Familie zu gründen.

José wollte sich von seiner Familie und der Trauer um den Vater lösen und stülpte seiner Gefährtin das Bild seiner beschützenden Mutter über. Diane möchte ihrer afrikanischen Kultur den Rücken kehren, spielt nun aber mit ihrem Partner alle Identitätskrisen durch, die ihre Eltern entzweit hatten. Josés Mutter wiederholt den gleichen Konflikt, den Dianes Mutter mit ihrer eigenen Familie durchlebt hat.

In der Zeit der Therapie, die sich ohne Zweifel auf die Umgebung mit auswirkte, hat Dianes Mutter sie wissen lassen, dass sie nicht die Tochter ihres Vaters, sondern eines Freundes ihres Vaters sei. Wenn Dinge in Bewegung geraten, ist immer wieder zu beobachten, dass sie Schockwellen auslösen, die sich weiter fortpflanzen. Man kann sich vorstellen, dass Dianes Probleme, die auf ihrer doppelten kulturellen Zugehörigkeit beruhen, durch diese Enthüllung zusätzlich erschwert wurden. Dass sie aufgrund dieser heimlichen Liebe das Lieblingskind ihrer Mutter gewesen ist, liegt auf der Hand. Zudem hatte Diane im Alter von zwölf Jahren von der Existenz eines Halbbruders erfahren, der aus einer Verbindung ihres Vaters stammte. Diese Entdeckung hat sie traumatisiert. Sie schwor sich damals, dass sie niemals mit einem Mann leben könnte, der sich ihr gegenüber so verhalten würde. Und nun traf sie bei José mit seiner Ambivalenz und seiner Unfähigkeit, Entscheidungen zu treffen, auf all das, was sie vermeiden wollte!

Diane und José finden in der Therapie heraus, dass sie die gleichen Schwachstellen haben. Beide fühlen sich aufgrund ihrer Familiengeschichten wie in zwei Hälften gespalten. Anstatt sich wegen dieser ungeliebten und auch geleugneten Seiten gegenseitig anzugreifen, können sie diese Seiten miteinander versöhnen und ein Paar sein, das für beide Heilung bewirkt. Sie können sich Schritt für Schritt eine Beziehung schaffen, die sie mit sich selbst in Einklang bringen wird. Auf diese Weise wird das Paar zum Therapeuten der Partner. Es ist nicht der eine Partner, der den anderen gesunden lässt, sondern es ist das Paar selbst. In dieser Hinsicht unterscheidet sich die Paartherapie sehr von einer Einzeltherapie. Stellen wir uns doch einmal vor, Diane oder José machten eine

Psychoanalyse. Diane wird mit Sicherheit herausfinden, dass ihr Vater zum Beispiel Eigenschaften des Erfolgs verkörpert. Er war es, der sie von Kindheit an dazu angehalten hat, zu lernen, einen Beruf zu ergreifen und nicht von einem Mann abhängig zu sein. Man könnte sich nun fragen, was diesen Vater dazu bewogen hat, eine westliche Frau zu heiraten und sich damit außerhalb seiner eigenen Kultur zu stellen. Wenn Diane über ihre Identifikationen nachdenkt, wird es ihr ohne Zweifel gelingen, mit sich selbst in Einklang zu kommen. Dann wird sie die Ambivalenz von José aber nicht mehr ertragen können. Was wird dann passieren? Entweder trennt sich Diane von ihm oder sie wird José gegenüber eine therapeutische Haltung einnehmen. Das Paar konstituiert sich dann auf einer Arzt-Patient- oder Mutter-Kind-Ebene. Warum nicht? Das Paarleben kann perfekt auf diese Weise funktionieren. Es wird jedoch auf eine Krise zusteuern, sobald José sich zu entwickeln beginnt. Wenn sie sich für eine Paartherapie entscheiden und beide gemeinsam über ihre Probleme nachdenken, werden sie zusammen eine Entwicklung durchmachen und zu einer für beide passenden Paarform finden, die womöglich gesünder ist und für die Zukunft Stabilität gewährleistet. Das eine schließt das andere jedoch nicht aus. Man kann sehr gut eine Einzeltherapie oder Psychoanalyse und parallel dazu eine Paartherapie machen.

Wie einer den anderen unbewusst fernsteuert – Projektion und projektive Identifikation

Um Ambivalenz, Aggressivität und negative Gefühle zu vermeiden, benutzt jeder komplizierte psychische Mechanismen. Die Abwehr besteht zum Beispiel darin, »so zu tun als ob« man von dieser Seite an sich, die man nicht mag, nichts wüsste. Man weiß alles und ist dabei vollkommen ahnungslos. »Tu so, als ob du von nichts wüsstest«, bat der junge Proust seine Mutter, als er ihr zum x-ten Mal seine Gedankengänge erklärte. Eine andere, speziell unter Paaren gebräuchliche Methode besteht darin, die Anteile unserer Psyche, die wir selbst nicht aushalten oder die uns nicht bewusst sind, auf den anderen zu projizieren. Man kann erschöpft sein, es nicht sein wollen und dem anderen diese Erschöpfung zuschreiben: »Du siehst müde aus.« Oder man kann verärgert sein und zu seinem Partner oder seiner Partnerin sagen: »Ich habe das Gefühl, dass du dich ärgerst.« Während Erschöpfung und Verärgerung nichts Unerträgliches sind, ist anderes wie Hass, Zorn oder Feindseligkeit sehr viel schwerer auszuhalten. Diese »einfachen« Projektionen finden zwischen Erwachsenen, in besonderem Maße in der Paarbeziehung, aber auch zwischen Eltern und Kindern unvermeidlich statt. Dass Kinder ihre Aggressivität oder Wut auf ihre Umgebung projizieren, ist allgemein bekannt. Daneben gibt es eine komplexere Art der Projektion, die man projektive Identifikation nennt. Wie bei der einfachen Projektion verlagert man negative Gefühle, die man nicht ertragen kann, in die Gefühlswelt des anderen. Hier jedoch handelt es sich um Teile des Selbst, die man braucht und derer man sich nicht einfach entledigen kann. Auf diese Weise wird der Partner zum Träger eines Teils unseres Selbst.

Kehren wir zu José zurück. Er hegt gegenüber seiner Mutter ambivalente Gefühle, ist selbst aber fest davon überzeugt, seine Mutter zu lieben und immer für sie da zu sein. Diese Liebe ist jedoch getrübt, und da seine Mutter sehr bestimmend ist, ist er nicht nur unfähig, ihr diese Gefühle zu zeigen, sondern kann sie auch für sich selbst nicht annehmen. Also gibt er diesen Hass an Diane weiter. Nicht er ist es, der seine Mutter hasst, es ist Diane.

José führt nun unbewusst und wie mittels »Fernsteuerung« Situationen herbei, damit Diane als Sprachrohr seines Hasses und seiner Ambivalenz fungiert. Je mehr Diane diese Rolle ausfüllt, desto mehr kann er sich selbst davon befreien, indem er zum Beispiel sagt: »Wie boshaft du gegenüber meiner Mutter bist. Ich tue alles, um sie sonntags zu uns einzuladen, und du bist unfreundlich zu ihr.« Oder: »Es ist unerträglich, wie du meine Mutter hasst, wo ich sie doch so liebe.« José muss seine Bindung an Diane aufrechterhalten, weil ein Teil seines Selbst (sein Vorbehalt gegenüber seiner Mutter) sich bei ihr abspielt. Die Bindung an Diane zu beenden hieße, einen Teil von sich selbst abzutrennen. Dieser Vorgang der projektiven Identifikation, der mehr oder weniger zu jeder Beziehung dazugehört, führt auf die Dauer zu einer Paardynamik, die sich als Machtverhältnis etablieren kann, in dem der eine Partner den anderen ständig unbemerkt fernsteuert. Das Paar kann folglich pathologisch werden. Die Anlage dazu tritt sehr früh zutage, gleich zu Beginn einer Beziehung.

Oft werden Filmpaare zitiert wie Simone Signoret und Jean Gabin in ›Die Katze‹ oder Liz Taylor und Richard Burton in ›Wer hat Angst vor Virginia Woolf?‹, bei denen man sich fragt, wie Menschen, die sich dermaßen hassen, überhaupt zusammenleben können. Es hat einfach jeder seine schlechten Seiten so sehr in den anderen hineinverlegt, dass diese Abläufe lebenswichtig werden. Man kann sich nicht mehr trennen, weil eine Trennung bedeuten würde, sich selbst entzweizuschneiden, einen Teil aus sich selbst herauszureißen. Hass und Gewalt entstehen aus der Notwendigkeit, sich Macht über den anderen zu sichern, weil jeder fest davon überzeugt ist, besser als der andere zu wissen, was in diesem vorgeht. Der eine übernimmt jede Verantwortung, um den anderen in dem Zustand der gefühlsmäßigen Abhängigkeit zu belassen. Familiärer Hass ist ja bekanntlich ein in der Literatur tief ausgelotetes Thema zahlreicher Tragödien. Er kann ebenso ein Sprungbrett sein und Kräfte freisetzen, um sich loszulösen, wie er auch zu einer der Liebe vergleichbaren aufzehrenden und ausschließlichen Leidenschaft werden kann. Wie die Liebe teilt Hass die Welt in zwei Lager – jedoch entlang einer anderen Demarkationslinie. Je stärker die Kraft der projektiven Identifikation zwischen den Partnern ist und je mehr das Paar miteinander verschmolzen ist, desto größer ist das elementare Bedürfnis nach dem anderen, bei dem alles deponiert wird, was man verleugnet und von sich selbst fernhält.

In diesen Fusionsbeziehungen kann keiner der Partner zwischen sich und dem anderen unterscheiden. Jeder schreibt dem anderen seine eigenen psychischen Prozesse zu. Dabei ist gerade die Unterscheidung voneinander, das heißt die Möglichkeit einer eigenen Existenz, die sich von der des Gegenübers abhebt, sowohl eine der Hauptschwierigkeiten des Paares, aber auch mit ihr größtes Glück.

Selbstliebe und Liebe für den anderen

Wir verwenden einen großen Teil unserer Energie darauf, Verbindungen in uns selbst und zwischen uns und der äußeren Umgebung herzustellen, um die Komplexität unserer Lebenswelt begreifen zu können. Ständig müssen wir eine Empfindung mit einem Gedanken verknüpfen, ein Gefühl mit einer Vorstellung, ein aktuelles Ereignis mit einer Erinnerung. Die intrapsychischen Verbindungen und die zwischen uns und anderen Personen bauen sich in einem fortwährenden Hin und Her auf, das zurückverweist auf die frühe Mutter-Kind-Bindung, das heißt auf die Art und Weise, wie wir zu dem geworden sind, was wir sind. Die ersten Bindungserfahrungen, die Art, wie wir umsorgt und geliebt, gehalten und beschützt worden sind, wie und ob wir unsere Umgebung als Quelle von Befriedigung und Sicherheit erfahren haben, legen den Grundstein für eine innere Stabilität und ein Selbstwertgefühl, das solide genug ist, damit wir unsere eigenen Gedanken bilden und unsere Gefühle anerkennen können. Selbstliebe gründet auf der Liebe zum anderen, die wiederum die Liebe zum Leben ermöglicht. Wenn wir uns in der Beziehung zu anderen angegriffen fühlen, greift das in der Folge unsere Fähigkeit an, uns mit unserer Innenwelt zu verbinden und unsere Persönlichkeit aufzubauen. Das, was zur Entwicklung beiträgt, sind weder Frustrationen oder Depressionen der Mutter noch Verlust- oder Vernichtungsängste beim Kind, sondern es ist das stärkende Gefühl, den anderen zu bereichern, womit man gleichzeitig auch sich selbst bereichert. Ein Kind fällt hin und tut sich am Knie weh. Laut heulend kommt es zu seinem Vater gelaufen. »Oh, mein armer Schatz, da hast du dir aber wehgetan. Komm, Papa tröstet dich.« Das Kind wirft sich seinem Vater in die Arme und hat seinen Schmerz schon vergessen.

Was passiert hier? Indem der Vater den Schmerz seines Sohnes für echt befindet, schreibt er ihm eine greifbare Wirklichkeit zu: Dieser Schmerz existiert, weil ich ihn anerkenne. Das Kind kann also das, was es fühlt, für echt halten. Es stellt mittels eines Ereignisses, eines Gefühls, eine Verbindung zwischen sich und seinem Vater her, der durch Empathie versteht, was bei seinem Kind gerade vor sich geht.

Aufgrund dieser Verbindung fühlt sich das Kind mit seinem Körper, seinen Empfindungen und seinen Gedanken lebendig. Diesem Kind entgegenzuhalten: »Ach was, das tut überhaupt nicht weh, ein Junge, der muss doch nicht weinen«, oder anders herum: »Aua, aua, Papa tut es auch sehr weh, weil er deine Schmerzen jetzt selbst am Knie hat, damit du sie los bist«, würde bedeuten, seine Bedürfnisse zu leugnen oder ihm bedrängende Schuldgefühle einzugeben. Es könnte jetzt unmöglich erkennen, was zu ihm gehört, und könnte zwischen sich und der äußeren Welt nicht mehr unterscheiden.

Bindung ist jedoch auch von Ambivalenz und Aggressivität geprägt, weil der andere ein Hindernis darstellt und Zwänge ausübt und man sich ständig loslösen muss, um zu sich selbst zurückzufinden.

Dieser Prozess ist nicht auf die Kindheit beschränkt, er ist nie abgeschlossen. Er erstreckt sich über unser ganzes Leben und kommt speziell in der Paarbeziehung zum Tragen. Bei dieser emotionalen Suche fordern wir vom anderen, dass er unsere Empfindungen als echt bezeugt, damit wir unsere Existenz als echt empfinden können.

Man sucht das spiegelbildlich Gleiche, findet aber immer die »kleinen Unterschiede«, durch die man sich wiederum abheben kann. Aus der Wahrnehmung dieser Unterschiede entsteht ein Gefühl der Unzufriedenheit und gleichzeitig des Begehrens. Bindung enthält zwei Pole: positive Gefühlsbande, die uns das Wachsen ermöglichen, aber auch die Ketten, mit denen wir an einen unsichtbaren Kerkermeister gefesselt sind. Das Paar trägt diese zwei Seiten in sich. Bindung verleiht im Gegensatz zur Abhängigkeit auch das Gefühl von Freiheit: Hier spielt weder Dominanz noch Macht eine Rolle. Bindung ist ebenso ein primäres Bedürfnis wie Essen und Trinken und bietet einen sicheren Halt, von dem aus man in die Welt ziehen kann.

Das Selbstwertgefühl setzt sich aus zwei grundlegenden Bedürfnissen zusammen: aus dem Gefühl, geliebt zu werden, und dem Gefühl, stark zu sein. Es ermöglicht, sich mit anderen in Beziehung zu setzen. Wer kein Selbstwertgefühl hat, reagiert auf jede Kritik oder Missbilligung hypersensibel und erliegt einem Selbstbild, das so grandios wie ungenügend ist, unfähig, hier das richtige Maß zu finden. Die meisten Menschen haben sehr unklare Vorstellungen über ihre psychische oder emotionale Verfassung. Das Bedürfnis, geliebt zu werden, kann sich jedoch nur artikulieren, wenn man sich in seinem Sosein annimmt.

Manche sich selbst entfremdete Menschen tragen Verletzungen durch Trennung, Verlust, Verlassenwerden in sich oder sind geplagt von Phantasiegebilden. Sie leben in dem Irrglauben, es gäbe den perfekten anderen, der diese Verluste ausgleichen oder die Gespenster verscheuchen würde. Aber dieses Double existiert nicht, und so irren sie auf ewig unvollständig umher. Die nagende Unzufriedenheit treibt sie dazu, eine Beziehung nach der anderen einzugehen, nach einem immer gleichen bitteren Muster. Wie soll man eine neue Beziehung beginnen, wenn man sich nicht von früheren Bindungen oder von selbstentfremdeten Verpflichtungen gelöst hat, die fest in Leib und Seele verankert sind? Mangels Liebe zu sich selbst kann man seine ganze Energie darauf verwenden, einen anderen zu lieben, den man in den engen Mauern seines eigenen Lebens mitgefangen hält. Durch das Bedürfnis, erwählt und geliebt zu werden, verliert man an eigener Substanz, bis man sich schließlich in das »Objekt«, das der andere darstellt, verwandelt hat, der alsbald wegen dieser nicht zu ertragenden Entfremdung zum Hassobjekt wird. Allein sein zu können bedeutet, sich mit sich selbst nicht einsam zu fühlen, sich folglich auch mit dem anderen nicht einsam zu fühlen und die Trennungen wie die Wiedersehen gleichermaßen wertzuschätzen. Das Paar muss eine gewisse Anzahl an Ängsten zulassen können: Angst vor dem Verlassenwerden, vor Inbesitznahme und Überwältigung und Angst vor Abhängigkeit. Die meisten »Frauenzeitschriften« befassen sich mit dem Funktionieren und Nicht-Funktionieren von Paaren. An guten Ratschlägen für eine bessere Kommunikation, für ein besseres Verständnis oder für ein besseres Sexualleben mangelt es nicht. Diese Empfehlungen, die überwiegend dem gesunden Menschenverstand entspringen, sind durchaus nützlich: Manchmal genügt es schon, ein wenig an der Oberfläche zu verändern, damit sich in den tieferen Schichten etwas bewegt, und nicht immer ist es notwendig, alles zu verstehen, um eine Änderung zu erreichen.

Und doch bleibt es dabei, dass viele Konflikte ihren Ursprung in tiefer liegenden, unbekannten, unbewussten Dimensionen haben. Nicht oder ungenügend mit dem anderen zu kommunizieren und seine eigenen Wünsche und die des anderen nicht zu verstehen, mag sich auf der Oberfläche gleich äußern, entspringt jedoch nicht der gleichen Dynamik. Jeder kann sich vor dem Zwang schützen wollen, den die Institution Paar auf ihn ausübt, und die Kommunikation undeutlich halten, um sich gegen die Vereinnahmung durch den anderen zu wehren. Oder er kann sich bedroht fühlen durch das Begehren des anderen, das als Gefahr für die eigene psychische Autonomie erlebt wird. Sexuelle Probleme können rein funktionell sein und auf einer Ungeschicklichkeit oder auf Unkenntnis basieren, es kann sich aber genauso gut um eine Verteidigungshaltung handeln, um sich vor dem anderen und vor sich selbst zu schützen.

Jeder ficht einen beständigen Kampf um sein inneres Gleichgewicht und sein wahres Ich aus – oder was ihm als wahres Ich erscheint. Jeder hofft, einen Partner zu finden, der ihn bei diesem fortwährenden Bemühen unterstützt, aber diese Erwartung ist paradox. Wie von dem Kind, das man anspornt: »Sei spontan!«, verlangt man von dem Partner: »Hilf mir, unsere Beziehung zu ändern, aber ohne an mir etwas zu ändern…« Wenn die Paarbeziehung bedeutet, sich gegenseitig verpflichtet zu sein und sich die Treue zu halten (wobei ich hier natürlich von moralischer Treue spreche), kann sie in Opposition geraten zu familiären Verpflichtungen oder zur jeweiligen Herkunftskultur. Was für den einen gut ist, ist nicht zwangsläufig für den anderen gut. Treue ist eine freie Entscheidung, Verpflichtung ist ein Zwang.

Die Paarbildung

Der Liebende ist ganz von dem Gefühl durchdrungen, dass er verrückt ist oder es werden wird. Ist das geliebte Wesen real? Ist es nicht eine der puren Phantasie entsprungene Empfindung? So wie das hungrige Baby sich die Brust der Mutter herbeiphantasiert, wenn sie nicht da ist, erschafft sich der Liebende entsprechend seiner Liebesfähigkeit und seines Verlangens sein Gegenüber in der Phantasie immer wieder von Neuem. Freud erzählt in seiner ›Psychopathologie des Alltagslebens‹ folgende Geschichte: Ein verliebter junger Mann begleitet seine Verlobte nach Hause. Er besteigt die Straßenbahn und bittet den Kontrolleur um zwei Fahrkarten. Einige Monate nach der Hochzeit fährt er wieder mit der Straßenbahn, seine junge Frau begleitet ihn. Jetzt verlangt er … eine Fahrkarte.

Die leidenschaftliche Liebe, die der festen Paarbeziehung in den meisten Fällen vorausgeht, ließe sich in folgenden paradoxen Formeln zusammenfassen: von $1 + 1 = 1$ bis $1 + 1 = 3$.

Anfangs drängt der andere sich uns als das vollkommene Objekt der Begierde auf und bringt uns dazu, alles in neuem Licht zu sehen, die Gegenwart wie die Zukunft. Schon bei der ersten Begegnung ist aus der Leidenschaft heraus ein erster impliziter Vertrag entstanden, der das Paar besiegelt.

Die modernen Märchen von Liebe und glühender Leidenschaft

»Leidenschaft ist der Klebstoff des Paares.« Dieser Glaubenssatz hat sich durch die Hintertür in unserer Kultur eingenistet. Wir alle sind von ihm infiziert. Stellen wir uns trotzdem den Tatsachen: Auch wenn Leidenschaft eine sehr intensive

Beziehung zwischen einem Mann und einer Frau (oder zwischen zwei Männern oder zwei Frauen) stiftet, so vereinfacht sie dennoch nicht den Verlauf der Beziehung oder gewährt ihr Stabilität. Jeder, der leidenschaftliche Liebe erlebt hat, weiß genau, dass sie alles ist, außer ein Garant für Stabilität…

Im Moment der Leidenschaft, der zugleich einen Moment der Verschmelzung darstellt, in dem »der eine der andere ist«, wie Élisabeth Badinter es formuliert hat, überträgt jeder das Beste von sich auf den anderen. Der andere wird dermaßen idealisiert und für perfekt gehalten, und das Paar, das man abgibt, ist so wunderbar, dass nicht viele Paare der ausgesprochen schwierigen Arbeit gewachsen sind, wenn der Moment kommt, wo jeder seine Schatulle wieder ein bisschen füllt und zurückerobert, was er dem anderen alles gegeben hat – der Moment also, wo die Leidenschaft sich in Liebe wandelt.

Es gibt Menschen, bei denen eine Leidenschaft auf die nächste folgt. Deren durchschnittliche Dauer beträgt etwa zwei Jahre. Danach dauert es annähernd ein Jahr, in der man sie umwandelt oder sich von ihr löst. Wer der Leidenschaft den Vorzug gibt, der wechselt seine Partner alle zwei bis drei Jahre, weil er diese Umwandlung nicht ertragen kann. Sie kommt ihm lauwarm vor im Vergleich zu den gemeinsamen Momenten heißer Liebe.

In unseren heutigen Märchen entkommen die bronzehäutigen Filmstars und sorgenfreien Prinzessinnen und all die anderen »beautiful people« der Langeweile des Alltags, indem sie auf flammende, aber flüchtige Leidenschaft setzen. Es ist die Politik des Alles oder Nichts, die den Eheritus bestimmt: Lieber in der Hoffnung, eine perfekte Einheit zu realisieren, die Zahl der Versuche erhöhen, anstatt Kompromisse zu akzeptieren, die mit der Langlebigkeit einhergehen. Leidenschaft oder sonst gar nichts. Ein Ideal ist nicht verhandelbar. Es ist, als könnten wir unsere Energie nicht mehr auf die äußere Welt richten, uns auf politische oder soziale Projekte konzentrieren oder auf geistige Bewegtheit – als kreisten wir immerfort nur im Universum des eigenen Innenlebens. Das Streben nach leidenschaftlicher Liebe, mit der wir zugleich wir selbst sind und uns selbst entkommen, wird zum alleinigen Schlüssel für die persönliche Entwicklung. Aber dieses Streben hält uns in einer Einsamkeit und einem Individualismus gefangen, der immer fantastischer wird.

Von der Verdinglichung der Sexualität ganz zu schweigen: Die Bekundungen und Heldentaten in diesem Bereich, vom einfachen Volk bis zu den Großen dieser Welt, überschwemmen die Bildschirme und schwärzen die Druckseiten in einem Ausmaß, dass die kleinen Liebesspiele von Herrn und Frau Allewelt, und mögen sie ihnen noch so viel Lust und Befriedigung bringen, ihnen sehr bald zumindest rückständig vorkommen müssen. Heutige Paare streben Ruhe und Zufriedenheit durch die Beziehung an und wollen gleichzeitig dem Alltag dieses Quantum an Aufregung verleihen, so dass jeder sich lebendig fühlen kann. Wobei das Ausreizen sexueller Begierde sehr schnell in Zwang münden kann. Angesichts dieser Aporie wird der Paartanz zögerlich und ungeschickt. Ist diese Choreographie spannend genug? Gibt es nicht wie bei diesen Stars und Prinzessinnen tausend andere mögliche Partner, tausend andere Verbindungen, die noch mehr Aufregung versprechen und uns das Gefühl lebendig zu sein schenken?

Das ganze Personal unserer zeitgenössischen Märchen findet sich zu leidenschaftlichen Paaren zusammen, die sich in schwindelndem Rhythmus finden und wieder lösen und dabei einen Modellcharakter annehmen, der unsere Phantasievorstellungen speist. Hier herrscht fast eine Art ideologischer Druck. Die neuen Formen der Identifikation mit einem Leben voller Leidenschaft und Aufregung haben hier ihren Ursprung.

Was passiert in dem Moment, wo die Liebe einschlägt wie ein Blitz? Ein heftiges Verlangen packt uns. Das Denken wird überrollt, es gibt nur diese eine Wahl. In Paartherapien ist die Frage, wie und warum es zwischen den beiden gefunkt hat, sehr hilfreich, denn hier tritt die ganze unbewusste Dimension der Liebesverbindung am deutlichsten zutage. Im Nachhinein rationalisiert jeder: »Ich fand ihn schön«, »Ich fand ihn intelligent«, »Ich habe mir gesagt, dass wir die gleiche Herkunft haben« oder umgekehrt: »Er hatte eine ganz andere Herkunft, ganz andere Erfahrungen« oder: »Wir hatten beide denselben Geschmack« und so weiter. Man zählt Gründe auf für die Tatsache, dass »er es ist« oder dass »sie es ist« – und eben nicht ein anderer oder eine andere. So zutreffend diese Erklärungen auch sein mögen, sie sind doch nur Rationalisierungen a posteriori. Das Wesen des Liebeskontaktes, bei dem es zwischen zwei Menschen »funkt«, ist sehr viel archaischer und entspringt unseren ersten frühen Erfahrungen und Wahrnehmungen. Dies alles ist uns in der Realität natürlich nicht bewusst. Aber Spuren der ersten verlorenen Liebe machen sich unvermeidlich wieder bemerkbar, wir geraten innerlich in Bewegung, und es geschieht etwas sehr Merkwürdiges.[5] Auf einmal zerreißt ein Vorhang, und wir werden von einer Gewissheit ergriffen, die schon immer in uns schlummerte und so stark ist, dass wir Sekunden später diesen verrückten Gedanken haben: »Das ist der Mann (oder die Frau) meines Lebens.«

Diese blitzartige Verliebtheit ist jedoch nicht der einzige Auftakt schöner Liebesgeschichten. Manche Liebe stößt nicht auf Gegenliebe und ist von Anfang an dazu bestimmt, wieder einzugehen. Andere, die zwar gegenseitig sind, können eine flüchtige Leidenschaft sein, die eine Verabredung lang halten wird, ohne in eine dauerhafte Beziehung zu münden. Im Gegensatz zu den uns aufgetischten Märchen ist das Entflammen in Leidenschaft nicht notwendigerweise der Beginn einer Paarbeziehung. Man kann lieben, ohne entflammt gewesen zu sein, selbst wenn unsere Liebesmythen es als Notlösung betrachten, aus Vernunftgründen und nicht aus Leidenschaft zusammen zu sein.

Sofern Gefühle und Empfindungen auf Gegenseitigkeit beruhen, definiert nun jeder der beiden seine Position in der Welt komplett neu. »Ich« existiert nicht mehr, es gibt nur noch »wir«. Dieses »wir« zählt unendlich viel mehr als jedes der beiden »ich«, die es bilden. »Wir« hat Priorität. Es wird eine gemeinsam vollbrachte Schöpfung, in der die Liebenden sich auflösen werden, so ausgeformt und autonom sie auch sonst sein mögen. Jeder erlebt also das Verschwinden seiner Umgrenzungen, wie in der ersten Säuglingszeit, wenn das Kind noch nicht weiß, dass es außerhalb seiner Mutter existiert.

Die erste Erfahrung als Paar oder Die Illusion von Einheit

Die erste Paarerfahrung, die man in sehr jungen Jahren erlebt, entspricht in typischer Weise der so genannten Phase der Illusion von Einheit. Diese Illusion entspringt dem Bestreben nach größter Intimität und dem Wunsch, alles zu teilen. Die Liebenden haben die gleichen Gedanken, lesen das Gleiche, haben den gleichen Geschmack, verbringen ihre Freizeit auf die gleiche Weise und machen bisweilen die gleiche Ausbildung. Sie stehen in ständigem Gedankenaustausch und finden jeweils Übereinstimmung beim anderen. Sie suchen Ähnlichkeit und schaffen sie sich. Aus der Entdeckung dieser Übereinstimmungen schöpfen sie ihre hauptsächliche Energie und mehr Befriedigung als aus dem, was sie unterscheidet. Die anfängliche Illusion, dass jeder sein Double gefunden hat, wird auf immer eine große Sehnsucht hinterlassen. In neuen Beziehungen mit neuen Partnern will man sie immer wieder erleben, um jung zu bleiben oder wieder jung zu werden.

In dieser ersten gemeinsamen Liebesleidenschaft spielt sich alles ab, als wären die Liebenden ein Zwillingspärchen und untereinander austauschbar, wobei sie in einer perfekten Komplementarität zueinander stehen mit einer sich ergänzenden Rollenaufteilung.[6] Sie sind gleich, aber nicht wirklich dieselben. Der eine kann zum Beispiel etwas tatkräftiger sein als der andere und implizit die Aufgabe bekommen haben, derjenige zu sein, der Entscheidungen trifft.

All das weist ohne Zweifel auf die Beziehung zwischen Säugling und Mutter zurück. Was man in der Psychoanalyse das »Spiegel-Stadium« nennt, bezeichnet den Moment, wo das Kind auf dem Arm seiner Mutter in einen Spiegel sieht und sich bewusst wird, dass es getrennt von ihr ist. Dort, im Blick seiner Mutter, erkennt es sich als eigene Person. Oft sind Partner, vor allem wenn sie noch sehr jung sind, sehr abhängig von einem mütterlichen Bild, als bewahrten sie beide in ihrer Psyche noch einen Teil ihrer Mutter. Diese jungen Paare erwecken den Eindruck, als hielte jeder den anderen auf seinem Arm und zeigte ihm in einem Spiegel das Paar, das sie zusammen bilden. Jeder wird die Idealmutter des anderen. Gleichzeitig geben sie sich gegenseitig das Gefühl, ein Individuum zu sein.

Das gemeinsame Projekt dieser »Babypaare« besteht paradoxerweise darin, sich von den jeweiligen Elternpaaren abzuheben. Ein sehr enges Paar zu bilden, sofern die Eltern dies nicht sind. Auf der Basis von Gleichheit leben, wenn die Rollenverteilung bei den Eltern traditionell ist. Sie sagen sich: »So wie bei unseren Eltern wird es bei uns auf keinen Fall«, »Das Paar mit dem Macho-Vater und der unterdrückten Mutter werden wir nicht nachmachen«, »Wir sind Zwillinge, gleich und gleichberechtigt«.

Versucht man, sich als das Gegenstück eines Modells zu

gestalten, hinterlässt dies dennoch einen Abdruck in unserer Psyche.

Wie oft hören wir den Satz: »Ich dachte, ich wäre das Gegenteil von meiner Mutter. Je älter ich aber werde, desto mehr ähnele ich ihr!« Diese Wiederkehr zurückgewiesener Modelle ruft große Enttäuschungen hervor und markiert den Übergang von der Illusion zur Desillusion. Der andere verkörpert nun den Unterschied und wird zum Faktor der Entzweiung. Er (oder sie) ist nicht die Idealmutter, die dafür Sorge trägt, dass man sich individuell unterschiedlich entwickelt. Natürlich gibt jeder dem anderen die Schuld daran. Und hier beginnt die Eskalation der Vorwürfe, die wir bereits angesprochen haben.

Wenn auch der Übergang von der Illusion zur Desillusion nicht leicht ist, so ist das Verharren in einer vollkommenen Verschmelzung unmöglich. Zwillingsbabys sind häufig sehr mit sich selbst beschäftigt. Sie neigen dazu, sich von anderen Kindern und der Familie zu isolieren. Trotzdem müssen sie die Illusion der Einheit überwinden.

Diese erste Paarerfahrung ist Teil der Persönlichkeitsentwicklung. Unser »Ich« formt sich das ganze Leben lang. Man hat es weder mit der Geburt erworben, noch hat man es im Alter von sechs Jahren. Beim Älterwerden kommen wir uns selbst immer näher und bewegen uns auf eine relative Autonomie zu. Das junge Paar hingegen neigt dazu, die eigene Person mittels dieser Beziehung zu schaffen. Beider »Ich« verschmelzen mit einer Art phantasiertem »Paar-Ich«. Anders als man oft glaubt, besitzen wir keine tiefere Persönlichkeit, die unabhängig von unseren Lebensumständen, unseren sozialen Beziehungen, unseren täglich erfahrenen Traumata existierte. Wäre dies so, bestünde die einzige Entwicklungsmöglichkeit dieser Persönlichkeit in der Fähigkeit, sich den widrigen Zufällen der Lebensumgebung anzupassen. Die Natur ist komplexer: Bildet sich ein wesentlicher Teil unserer

Persönlichkeit in der frühen Kindheit, so entwickelt sich ein anderer Teil in der Interaktion mit anderen, und in erster Linie mit unserem Partner.

Man hat Tests gemacht mit Paaren, die aufgefordert wurden, zuerst jeder für sich, dann zu zweit die berühmten Tintenklecksfiguren des Rohrschach-Tests zu interpretieren. Die Ergebnisse fielen nach einigen Jahren gemeinsamen Lebens ganz anders aus. Als hätte sich ihre »tiefere Persönlichkeit« vollkommen verändert.[7] Auch wenn man sich nicht irgendeinen beliebigen Partner aussucht, bleibt doch ein Rest Zufall in der Begegnung. Entsprechend der Persönlichkeit dieses Partners werden Seiten von uns angesprochen und aktiviert, die uns selbst vollkommen unbekannt sind und gut oder schlecht, kreativ oder destruktiv sein mögen, und tief verborgen in unserem Bewusstsein liegen.

Man meint oft, ein Paar bestehe aus zwei fertigen Erwachsenen, bei denen es, egal wie alt sie sind, keine Spuren der Kindheit mehr gibt. Das Gegenteil ist der Fall. Ein Mann und eine Frau sind in ihrer Entwicklung niemals abgeschlossen und alleinige Akteure ihres weiteren Wegs. Man kann seine Entwicklung hinsichtlich sozialer oder beruflicher Belange abgeschlossen haben, aber niemals in Bezug auf Liebesbeziehungen. Oft reaktiviert das Paar Bindungen, die wie die Mutter-Kind-Bindung etwas Archaisches haben.[8]

Bereits in der ersten Liebe, die wir erleben, identifizieren wir uns anfangs sehr stark mit dem anderen und möchten dies in jeder dann folgenden Paarbildung aufs Neue erleben. Daher die Sehnsucht, die wir auf immer mit unserer ersten Liebe verbinden, die Sehnsucht nach dem Gefühl, nie wieder allein sein zu müssen und immer von einem anderen getragen zu werden. Jede Bindung wird diese Illusion wieder hervorbringen, teils in abgeschwächter, teils in übersteigerter Form.

Die Illusion der Einheit stellt eine notwendige Phase dar. Es wäre jedoch falsch zu glauben, dass ein Paar die Summe von zwei nicht abgegrenzten »Ichs« darstellt, die alles gemeinsam machen. Tatsache ist, dass jeder der beiden Partner ein »Ich« entwickeln muss, nachdem er durch das »Wir« gegangen ist. Das Individuum erwächst aus dem Paar und nicht umgekehrt (in etwa so wie sich das Paar um die Teile des Selbst herum aufbaut, die am wenigsten in ihrer Entwicklung abgeschlossen sind).

Alma und Mathieu sind beide etwa dreißig und haben zwei Kinder im Alter von drei und fünf Jahren. Seit sie siebzehn sind, sind sie ein Paar. Beide haben einen sehr guten Schul- und Universitätsabschluss und sind beruflich außerordentlich erfolgreich. Sie waren auf einer Elitehochschule und haben verantwortliche Positionen in der höheren Verwaltung. Intellektuell verbindet sie sehr viel, und sie teilen über viele Dinge die gleichen Ansichten. Ihr Sexualleben hat seit der Geburt der Kinder sehr nachgelassen. Sie suchen mich auf, weil sie sich zu ihrer eigenen großen Verwunderung mehr und mehr streiten. Aus scheinbar nichtigen Gründen kommt es zwischen ihnen zu heftigen Disputen, und zwar wegen Alma, wie beide übereinstimmend meinen. Sie verliert immer mehr ihre Gelassenheit und Geduld, regt sich über jede Kleinigkeit auf. Sie haben die verschiedensten Erklärungen für ihre neue Beziehungssituation gefunden, die man alle als logisch und nachvollziehbar bezeichnen kann. Alma ist durch die doppelte berufliche und familiäre Belastung zermürbt, obwohl sie sich gegenseitig sehr unterstützen und die Aufgaben ziemlich gleich verteilt haben. So bleiben ihre Erklärungen, warum Alma so instabil und gereizt ist, ungenügend. Nichts von dem, was sie beschließen, um wieder harmonisch miteinander leben zu können, ist länger als ein paar Stunden tragfähig. Sehr schnell brechen immer wieder äußerst heftige Streite aus.

Im Laufe der ersten Sitzungen, die der Geschichte des Paares gelten, erfahre ich wichtige Dinge über Alma. Sie kommt aus einer dörflichen, sehr einfachen Familie, deren Leben durch die Krankheit ihres älteren Bruders bestimmt wird, der in seiner Adoleszenz Schizophrenie entwickelt hat. Diese Familie funktioniert auf sehr gewalttätige Weise. Almas Kindheit prägten Konflikte, die vor allem zwischen ihrem Bruder und ihrem Vater ausbrachen und in regelrechte körperliche Auseinandersetzungen münden konnten. Als sie älter wurde, litt sie unter starken Schüben von Bulimie. Bulimie ist eine Methode, ein emotionales »Eigenleben« zu haben, zu dem man nicht stehen kann. Es ist eine Art des sich Anfüllens und wieder Entleerens, ohne die eigenen Emotionen differenzieren zu können. In Almas Familie regierte eine Art von Corpsgeist, es gab heftigste Erschütterungen, die sie alle miteinander verschweißten.

Alma konnte sich von ihrer Familie lösen, indem sie sich auf ihre Ausbildung konzentriert hat. Hochbegabt, wie sie ist, hat sie einen hervorragenden Schulabschluss gemacht. Nach ihrem Abitur konnte sie dank eines Stipendiums die Familie verlassen und studieren. Als sie ihrem späteren Mann, Mathieu, begegnete, war es für beide Liebe auf den ersten Blick. Mathieu kommt aus einer wohlanständigen und gutbürgerlichen Familie, wo es praktisch keine Konflikte gibt und niemals die Stimme erhoben wird. Alles geht hier sehr gedämpft zu.

Sie kommen also beide aus vollkommen entgegengesetzten Familien, in denen weder sie noch er glücklich waren. Er träumte von einer Beziehung mit intensivem Austausch und offenen Gesprächen. Sie wünschte sich ein Paar, bei dem alles großzügig, ruhig und genussvoll sein sollte, ohne Streit und ohne Gewalt. Aus dieser Illusion der Einheit heraus, alles zu teilen, sich perfekt zu verstehen, nichts voreinander zu verbergen und sich alles zu sagen, haben sie ein Paar gebildet. Alma ist in diesem Paar wie durch ein Wunder von ihrer Bulimie geheilt worden und hat großen Abstand zu ihrer Familie gewonnen, was dadurch begünstigt wurde, dass diese 500 Kilometer entfernt lebt. Alma und Mathieu haben sehr viel Gemeinsamkeiten. Nach ein paar Jahren beschließen sie, ein Kind zu bekommen, später ein zweites. Alma wahrt großen Abstand zu ihrer Herkunftsfamilie, behält aber ihre Gewohnheit bei, sie ein oder zwei Mal im Jahr zu besuchen. Der familiäre Wahnsinn, der dort herrscht, steht ihr jedoch so klar vor Augen, dass sie aus einem Schutzbedürfnis heraus nicht einmal ihre Kinder mitnehmen will. Ihr schizophrener Bruder lebt immer noch in dieser erstickenden Atmosphäre des Elternhauses, wie hinter verschlossenen Türen.

Alma hat noch nie eine Therapie oder eine Psychoanalyse gemacht. Während der Sitzungen erfahre ich und erstmals auch ihr Mann – sie hat sich nie getraut, es ihm zu sagen, so sehr schämte sie sich –, dass die familiäre Atmosphäre ihrer Kindheit sie jedes Mal wieder einholt, wenn sie ihre Familie besucht. Sie wird wieder bulimisch, und aus einer gegenseitigen Gereiztheit heraus kommt es zu endlosen Streiten mit ihren Eltern, die grund- und ziellos verlaufen. Sie fühlt sich in zwei Hälften gespalten. Ihre gesunde Hälfte ist in Paris bei ihrem Mann und ihren Kindern, und ihre kranke Hälfte tritt in ihrer Herkunftsfamilie hervor. In Paris ist sie beruflich sehr eingespannt, ruft aber jeden Tag drei bis vier Mal bei dem Kindermädchen an, um sich zu vergewissern, dass alles in Ordnung ist und wie geplant abläuft. Wenn sie bei ihren Eltern ist, ruft sie nicht einmal mehr zu Hause an: Sie vergisst, dass sie Kinder hat! Sie bekennt, dass sie eine Art vollkommen irrer Freude empfindet und sich befreit fühlt. Die Beziehung zu ihrem Mann erscheint ihr dann weniger anstrengend, gleichzeitig aber auch schaler.

Jetzt wird deutlich, was bei diesem Paar vor sich geht. Offensichtlich hat Alma in ihre Beziehung die bessere Seite von sich projiziert und alle »schlechten« Anteile bei ihrer Herkunftsfamilie belassen. Zu dem Paar, das sie bilden, trägt sie nur mit einer Hälfte von sich bei. Die Geburt der Kinder hat sie die Gefahr spüren lassen. Mit Kindern, vor allem wenn sie ganz klein sind, fällt man oft in leicht archaische, verschmelzende Bindungen zurück. Also ist die Gewalt aus ihrer eigenen Kindheit in der Beziehung zu ihrem Mann wieder aufgetaucht. Ihre Kinder wollte sie davor schützen.

In unterschiedlicher, mehr oder weniger pathologischer Weise machen wir alle diese Erfahrungen, wenn wir ins Elternhaus zurückkehren. Wir kehren an den Platz und in die Rolle unserer Kindheit zurück.

Etwa ein Jahr lang, im Rhythmus von vierzehn Tagen, habe ich mit Alma und Mathieu gearbeitet. Im Unterschied zu einer Einzeltherapie, deren Ziel ein anderes ist, kann man in einer Paartherapie Veränderungen in der Beziehung zwischen den beiden Partnern herbeiführen. Mathieu ist selbstverständlich nicht vollkommen unbeteiligt an ihrer Geschichte. Er hat in seiner eigenen Familie nicht gelernt, Konflikte zu akzeptieren. Die Auseinandersetzungen mit seiner Frau wären wahrscheinlich sehr viel weniger heftig verlaufen, wenn er entsprechend zu reagieren gewusst hätte. Er war jedoch wie paralysiert und vollkommen unfähig, sich den Konflikten zu stellen.

Alma und Mathieu haben sich gewählt als das jeweilige Gegenteil zu sich selbst, jedoch mit einem gemeinsamen Wunsch, alles zu teilen und sich gegenseitig zu unterstützen. Damit sie diesen Weg fortsetzen können, musste das Vertrauen zwischen ihnen wiederhergestellt werden. Veränderung ist immer möglich, selbst wenn die Unzufriedenheit sehr tief liegt. Alma und Mathieu konnten nun über ihre sexuellen Probleme sprechen, an die sie bisher nie gerührt hatten, wobei sie beide sehr frustriert waren. Eine Therapie bewirkt keine Wunder, und sie haben jetzt gewiss nicht den Himmel auf Erden, aber ihre Abgrenzungen zwischen sich und ihren Herkunftsfamilien sind seither durchlässiger.

Die Illusion der Einheit verschafft ein solches Wohlgefühl und eine so tiefe Befriedigung, dass zwei Liebende alles daransetzen, sie aufrechtzuerhalten. Während dieser idealen, idyllischen Zeit meiden sie jede mögliche Krise, in der jeder seine Erwartungen, Bedürfnisse und Wünsche deutlicher abstecken könnte. Sie sind so sehr davon überzeugt, das Gleiche zu denken und zu fühlen, dass ihnen nicht einmal in den Sinn kommt, es zu überprüfen.

Alles geht so vor sich, als ob sie jede unangenehme Wahrnehmung, die ihrer Definition aus dieser wunderbaren ersten Zeit als Paar entgegenliefe, weit von sich schieben müssten. Ohne sich dessen bewusst zu sein, entwickelt jeder Verteidigungsmechanismen, um der Realität zu entfliehen und unangenehme Dinge abzuwehren, die Alarmsignale sind und sie warnen könnten: »Die Realität ist weit entfernt von diesem Ideal, zwischen uns gibt es die und die Unterschiede, die und die Meinungsverschiedenheiten, eines Tages werden wir lernen müssen, damit umzugehen.« Dieser Moment ist bestimmend für den Fortgang der Beziehung. Männer und Frauen, die in die Liebe verliebt sind, umschiffen dieses Kap nicht. Sie führen ihr Leben so, dass es eine Abfolge von leidenschaftlichen Begegnungen gibt, um auf ewig in diesem wunderbaren Zustand der Verschmelzung zu verharren und sich nicht von Krisen und möglichen Auseinandersetzungen berühren zu lassen. Es nützt jedoch nichts, die Augen vor diesen Dingen zu verschließen. Alles, was abgewehrt wird, kehrt in dem einen oder anderen Moment zurück. Die Geschichte von Colette und Arnaud kann diesen Bumerangeffekt gut veranschaulichen.

Ich bin sehr erstaunt über dieses Paar. Colette ist mürrisch und unzufrieden und äußert nur Beschwerden über ihren Mann. Arnaud hingegen hat ein sehr freundliches, konziliantes Auftreten. Er macht den Eindruck, in allem mit ihr einverstanden zu sein und alles zu tun, damit es harmonisch zwischen ihnen zugeht. Ein Paar, das zu sehr einer Karikatur gleicht, als dass es echt sein könnte! Es klärt sich auf, als Arnaud eines Tages erzählt, dass er mit zwanzig eine in jeder Beziehung absolut wunderbare Liebe erlebt hat. Auf einer Italienreise hat er eine phantastische Frau kennen gelernt, mit der er zwei Monate lang eine verzehrende Leidenschaft erlebt hat, für die allein sich sein Leben schon gelohnt hätte. Seine Heirat, sagt er, wäre aus Vernunftgründen geschehen. Er »wusste«, dass er die Intensität jener Liebe nie wieder erleben würde.

Arnaud hat diese Liebe, die er vor zwanzig Jahren erfahren hat, gewissermaßen eingefroren. Alles, was seine Emotionen und seine Libido betrifft, ist in diesem Erlebnis eingekapselt. Er lebt nicht wirklich in der Realität: Was in ihr passiert, hat in seinen Augen keine Bedeutung mehr. Ich kann Colettes Haltung jetzt besser verstehen. Sie empfindet größte Verzweiflung darüber, mit Arnaud nichts emotional teilen zu können, dessen Gefühle sich ganz woanders, in der Vergangenheit, befinden.

Auf jemanden, der nach der Zeit des ersten Liebestaumels unter der Normalität des Alltags mit seinen banalen Erfordernissen leidet, kann die Sehnsucht nach dieser anfänglichen Zeit wie ein Gift wirken. Sie kann aber auch eine positive Kraft ausüben und das Paar um seine Zusammengehörigkeit herum zusammenschweißen, die sie in jener Zeit hatten, als beide in größter Intimität und Hingabe miteinander verbunden waren. Jeder hängt diesen wunderbaren Erinnerungen nach, auch wenn die Männer weniger offen darüber sprechen als ihre Partnerinnen!

In diesen Zeiten der vollkommenen Liebe erscheint einem der andere als durch und durch perfekt. Man will nur die guten Seiten des Geliebten oder der Geliebten sehen, sein

»Engelsgesicht«, und von den schlechten Seiten, von seinem »Teufelsgesicht«, nichts wissen (diese beiden Begriffe sind kein Werturteil, sie sollen lediglich die zwei Seiten, die jeder in sich trägt, bezeichnen). Der Liebende hat das Gefühl, dass der andere seinen »Engel« weckt und der in ihm schlummernde »Teufel« Ruhe gibt. Das Liebespaar projiziert folglich ihre »Teufel« gerne auf die Außenwelt, was zu ihrer Abkapselung zusätzlich beiträgt. Sie glauben, dass ihre Freunde keinerlei Verständnis haben, dass ihre Familien zu wenig Begeisterung zeigen oder dass ihre beruflichen Anforderungen immer aufzehrender werden, weil sie ihnen nicht genügend Freiraum lassen, um ihre Liebe zu leben. Das Paar verschanzt sich in seiner Leidenschaft und seiner Isolation und in dem Gefühl, eine ganz und gar einzigartige Erfahrung zu machen. Die schlichte Frage eines Freundes wie: »Bist du dir wirklich sicher, dass er dermaßen großartig ist?«, kann einen sofortigen Bruch der Freundschaft provozieren. Verliebten, die sich in diesem Taumel befinden, ist es unmöglich, sich vor Augen zu führen, dass der andere nicht der oder die Großartigste der Welt ist.

Innere Konflikte scheinen verschwunden zu sein. Vorbei ist es mit der Gespaltenheit, die einen wanken lässt zwischen »ich will« und »ich will nicht«, zwischen »ich bin verliebt« und »ich bin nicht verliebt«. Mit einem Mal ist man ein Ganzes und, mehr noch, ein Ganzes mit dem anderen zusammen. Die unausweichliche Krise wird umso heftiger ausfallen. Die innere Gespaltenheit wird sich nämlich wieder bemerkbar machen. Man muss nun der Realität ins Auge sehen. Der Schleier lüftet sich und vor uns erscheint das »Teufelsgesicht« des Geliebten. Und auch das eigene sehen wir wieder, was weder einfach noch angenehm ist.

Nachdem man sich eine Schimäre erschaffen hat, ist es nun soweit, die wirkliche Person, der dieses vollkommene und idealisierte Bild entsprungen ist, zurückzuweisen und sich von der Illusion des perfekten Paares zu verabschieden, das »gemeinsam in die gleiche Richtung blickt«. Dies ist der Moment für Verbrechen aus Leidenschaft. Die Beziehung zum anderen ist so sehr mit dem Besten, was man in sich hat, aufgeladen, dass es einer Zerstörung all dieser guten Seiten gleichkommt, wenn der Partner sich zurückzieht. Dies kann einen Menschen aufgrund des Identitätsverlustes buchstäblich in den Wahnsinn treiben, zum Mord oder in die Depression. In diesem Moment steht die eigene innerste Identität auf dem Spiel.

Die zwei Liebenden in ihrem Liebestaumel kleben im eigentlichen Wortsinne aneinander. In der Redensart »auf den Leim gegangen« klingt dieser Verschmelzungsvorgang an, in dem jeder für den anderen ein reines Phantasiegeschöpf ist. Jeder, der sich auf eine Paarbeziehung einlässt, erwartet von seinem Partner, dass er ihn von früheren Konflikten befreit: »Erlöse mich von dem Bösen!« Die Partnerwahl wird hauptsächlich von diesem unbewussten Sockel aus getroffen, wobei die anfängliche Anziehung die spätere Krise auslöst, sobald dieser unhaltbare Vertrag verletzt wird. Frauen, die ein Kind haben, kennen diese Auflösung der gegenseitigen Grenzen in den ersten Wochen nach der Geburt sehr gut. Zwischen Mutter und Kind herrscht jedoch keine ebenbürtige Beziehung. Da das Kind sich in seiner Psyche noch entwickelt, kann man hier nicht von Regression sprechen wie in der Liebesbeziehung zwischen Erwachsenen, die in einen dem Säugling vergleichbaren Zustand von Abhängigkeit geraten.

Wie löst man sich aus dieser Verschmelzung? Einige vollziehen diese Ablösung nicht, indem sie sich entweder niemals oder aber unentwegt streiten. Was die Paardynamik betrifft, ist das Resultat das gleiche! Bei dem »Nichts« und dem Aufruhr, mit dem sich das »Nichts« vermeiden lässt, läuft derselbe Prozess ab: Man vermeidet es, sich so zu sehen, wie man wirklich ist.

Während das Paar noch unzertrennlich erscheint, hat jeder für sich die Mängel des anderen und auch die eigenen unbewusst bereits registriert. In einem unausgesprochenen Einverständnis bewahren beide jedoch Stillschweigen. Die Frau kann sehr wohl ahnen, dass der Mann, den sie liebt, bemuttert werden will – weil er keine Mutter gehabt hat oder sie früh verloren hat, oder weil sie ihm nicht das gegeben hat, was er brauchte. Wenn diese Frau nun einen ausgeprägten Mutterinstinkt hat – weil sie in Rivalität zu ihrer eigenen Mutter steht oder weil sie einen kleinen Bruder betreuen musste, was sie mit Hingabe tat –, dann treffen diese beiden »Schwachstellen« aufeinander und bilden das Fundament für das Paar.

In der Zeit, in der das Paar sich ausformt, kommen die im Keim angelegten Seiten beider Partner entweder zum Tragen oder bleiben unter der Oberfläche verborgen. Jede Aufgabe, die sich dem Paar nun stellt, wird einen impliziten Kampf darum auslösen, wer von den beiden der Stärkere und wer der Abhängigere ist. Die Rollen haben sich unbemerkt sehr schnell verteilt. Das geschieht wie durch die Hintertür: durch ganz alltägliche Gesten. Einer setzt sich hinter das Steuer, und bald kann der andere überhaupt nicht mehr Auto fahren.

Der Erstvertrag aus Leidenschaft

Wie wir gesehen haben, ist sich das Paar sehr schnell über gewisse konkrete Dinge einig: Die Liebenden entscheiden, wie sie leben wollen, und organisieren dementsprechend ihren Alltag, sie entscheiden, wie sie ihr Geld teilen, wer die Einkäufe macht, wie viele Kinder sie haben möchten etc. Andere Dinge, die einen neuen Vertrag bedeuten würden, sprechen sie niemals an. Trotzdem nagt dieser »Erstvertrag« unbemerkt an der Spontaneität ihres Umgangs miteinander.

Die Geschichte von Sophie und Cathy macht die Rolle des Erstvertrags in der Phase anfänglicher Verliebtheit sehr schön deutlich. Sie sind beide knapp dreißig und leben erst wenige Monate zusammen. Ihr Alltag ist höllisch geworden. Sie streiten viel und stehen kurz vor der Trennung.

Gleich zu Beginn erzählt Sophie, dass sie sofort nach ihrer Geburt, die anonym stattfand, adoptiert worden ist – von einem in der Provinz lebenden Anwalt und seiner Frau, die als Eltern sehr streng waren. Materiell war sie mehr als versorgt, zu ihrer Mutter hatte sie aber offensichtlich eine sehr große emotionale Distanz: Sie kann sich nicht daran erinnern, von ihr jemals umarmt oder geherzt worden zu sein. Angesichts dieser Mutter, der sie nachläuft, um ein Fünkchen Gefühl zu erwischen, fühlt sie schon immer einen Mangel. Sie hat einen älteren Bruder, der gleichfalls adoptiert ist und den sie über alles liebt. Er war immer ein Vorbild für sie. Auf ihn hat sie all ihre Gefühle gelenkt, die sie bei ihren Eltern nicht vorfand. Dieser Bruder hat vor zehn Jahren, an seinem 18. Geburtstag, das Elternhaus verlassen und nie wieder ein Lebenszeichen nach Hause gesandt. Sie hat weiterhin Kontakt zu ihm. Von ihrer Adoption hat Sophie auf eine sehr brutale Art erfahren. Als sie etwa zehn Jahre alt war und mit ihrer Mutter den Hausarzt aufsuchte, fragte dieser nach eventuell vorhandenen Allergien in der Familie. Sie hörte daraufhin ihre Mutter in aller Ruhe sagen: »Woher soll ich das wissen? Sie ist adoptiert.« Nichts dergleichen war vorher schon einmal zur Sprache gekommen. Sophie hatte folglich das Gefühl, der Himmel stürze über ihr ein. Das, was sie da erfuhr, hat sie innerlich so gelähmt, dass es buchstäblich unfassbar für sie blieb. Sie traute sich nicht einmal, ihrem Bruder davon zu erzählen. Sie hat den Mantel des Schweigens über dieses Familiengeheimnis gelegt. Als sie älter wurde, ging sie Liebesbeziehungen zu Männern ein, wurde sich aber bewusst, dass sie sich mehr zu Frauen hingezogen fühlte. In ihren Beziehungen erstickte Sophie ihre jeweilige Partnerin immer mit ihrem unersättlichen Bedürfnis nach Affektivität. Eine nach der anderen verließen diese Frauen Sophie irgendwann, weil ihre Forderung nach Verschmelzung einfach nicht zu erfüllen war.

Die beiden jungen Frauen kommen auf die Initiative von Cathy, die jetzt den erdrückenden emotionalen Forderungen ausgesetzt ist, in die Therapie. Sophie ist sich bewusst, dass sie immer auf Frauen trifft, die ein wenig verloren sind und ihrerseits unter einer früher erlebten emotionalen Zurückweisung leiden. Zunächst fühlen ihre Freundinnen sich in Sophies überbordender Liebe, die ihnen alles gibt, was sie bisher vermisst hatten, extrem gehalten und aufgehoben. Sophie weiß, dass sie sich in einer ständigen Wiederholung befindet, ohne sagen zu können, was abläuft. Dank Cathy sieht sie einige Dinge klarer.

Cathy ist eine Außenseiterin und in ziemlich chaotischen Verhältnissen aufgewachsen. Ihre Eltern leben getrennt, die Mutter ist Alkoholikerin, von ihrem Stiefvater wurde sie misshandelt, und mit dreizehn riss sie immer wieder von zu Hause aus. Sie ist für sich allein groß geworden.

Die Liebe dieses Paares wurzelt in dieser Komplementarität. Sophie muss all die Gefühlsregungen ausdrücken, die sie in sich trägt und nie jemandem schenken konnte. Cathy braucht die affektive Zuwendung, die ihr bisher niemand gegeben hat.

Beider Erwartungen greifen perfekt ineinander, und so erlebten sie wunderschöne erste Wochen. Bis es Cathy zu eng wurde und Sophie folglich Angstgefühle bekam. Je mehr Cathy sich lösen will, desto stärker versucht Sophie, sie an sich zu binden.

Um diese Vorgänge zu begreifen, muss man wieder auf Sophies Geschichte zurückkommen, die sehr von Ambivalenz bestimmt ist. Allem Anschein nach hat sie sich noch nicht von ihrer Mutter lösen können und will unbewusst deren Liebesunfähigkeit »heilen«. In ihrem Wunsch, sich ihrer Mutter zu diesem Zwecke wieder zu nähern, gelingt es ihr nicht, sich von ihr abzugrenzen. Also wiederholt sie in ihrem eigenen Verhalten alle Kontroll- und Machtmechanismen, mit denen ihre Mutter das ersetzt hat, was ihr an Affektivität fehlte. Sophies Mutter ist ihrerseits von einer strengen gefühlsarmen Mutter erzogen worden und erlitt folglich den gleichen Mangel wie ihre Tochter. Es ist ein über drei Generationen hinweg weitergegebener Mangel an Affektivität, der diese Frauen aneinander kettet und es ihnen unmöglich macht, sich aus der Mutter-Beziehung zu lösen, da jede die verrückte Hoffnung hegt, es doch noch irgendwann zu ändern.

Ohne diese Adoption wäre Sophie ohne Zweifel in einem Heim aufgewachsen. Sie fühlt ihrer Mutter gegenüber eine Schuld. Alle Kinder haben eine Art »Lebensschuld« gegenüber ihren Eltern, aber wenn man adoptiert ist und eine Dankesschuld nicht in Frage stellen kann, ist die Sache komplizierter. Sophies Mutter hat mit der Adoption einen Akt der Liebe und der Wiedergutmachung geleistet. Sophie hat ihrer Mutter gegenüber immer mehr Gefühl gezeigt, als ihr selbst an Zuneigung zuteil wurde, in der Hoffnung, einen Mangel auszugleichen, den eine andere Generation verursacht hat. Je mehr Sophie den Gefühlen ihrer Mutter nachläuft, desto mehr zieht diese sich aus Schuldgefühlen heraus zurück. Die Therapie nimmt eine andere Wendung, als ich Sophie eines Tages sage, dass sie im Grunde »aufgesammelt« wurde, aber nicht adoptiert im Sinne von »angenommen«. Ihr wird nun klar, dass sie mit den jungen Frauen, die ihren Lebensweg kreuzen, genau dasselbe macht: Sie sammelt sie auf. Als würde sie ihnen ein Paket hinwerfen, das sie gewissermaßen erschlägt, schenkt sie ihnen eine überbordende Liebe, die aber nicht wirklich ihnen selbst gilt. Ihre wechselnden Freundinnen haben sich nicht »angenommen« gefühlt – sie waren zwar Empfängerinnen, aber nicht das wahre Objekt dieser Liebe. Sophie ist unfähig zu lieben, weil sie selbst nicht geliebt worden ist.

Bald nach Beginn der Therapie kehrt Sophie von einem Wochenendbesuch bei ihren Eltern aufgewühlt zurück. Von sich aus hat ihre Mutter zu ihr gesagt: »Wahrscheinlich war ich nicht fähig, dich zu lieben.« Die Arbeit, die Sophie in der Paartherapie hinsichtlich ihrer eigenen Geschichte geleistet hat, hat offensichtlich eine Resonanz bei ihrer Mutter gefunden und den Weg freigemacht für eine echte Beziehung. Ohne Zweifel hat die von Cathy initiierteTherapie die unbewussten Forderungen, die Sophie an ihre Mutter gestellt hat, verändert, wodurch sich die Mutter-Tochter-Beziehung neu definieren konnte.

Was wird nach ein paar Jahren aus dem Erstvertrag? Wie aktuell er auch nach Jahren noch sein kann[9], zeigt die Geschichte von Pierre und Anne.

Pierre und Anne sind ein sehr attraktives Paar. Sie konsultieren mich, weil sie seit vielen Jahren praktisch keine sexuelle Beziehung mehr haben. »Es würde mir mehr Sicherheit geben, wenn es wenigstens manchmal vorkäme«, sagt Anne. Anne ist 59 Jahre alt, leitet eine Galerie und geht in ihrem Beruf auf. Sie kommt aus einer jüdischen Familie, die vom Krieg besonders betroffen war (ihre Mutter verlor ihre Eltern und alle Geschwister), und sagt, sie sei so sehr von der Liebe ihrer Mutter erstickt worden, dass sie im Alter von 16 schwer an Anorexie erkrankte. Auch jetzt noch, 40 Jahre später, strahlt sie eine Kontrolle und Selbstentfremdung aus, die bei Anorexie häufig zu beobachten ist. Noch sehr jung, heiratet sie in erster Ehe einen Mann, den sie nicht wirklich liebt, um »der Familie zu entkommen«. Das Paar bleibt kinderlos, obwohl medizinisch kein entsprechender Befund vorliegt. Die beiden entscheiden sich, ein Kind zu adoptieren, und in dem Moment, als die Bewilligung vorliegt, wird Anne schwanger. Also haben sie auf einmal zwei Kinder im gleichen Alter: einen adoptierten Sohn und eine leibliche Tochter. Wenig später reichen sie die Scheidung ein. Anne, inzwischen 28, geht ihrem Beruf nach, zieht ihre beiden Kinder alleine groß und erlebt ein bislang nie gekanntes Freiheitsgefühl. Sie ist hübsch und wird sehr umworben. Die Männer, mit denen sie ausgeht, »wollten jedoch«, wie sie sagt, »vor allem mit mir ins Bett, und meistens hat mich das abgestoßen, ich habe mich dazu gezwungen, nur damit ich sie nicht verliere.«

Nach einigen Jahren lernt sie Pierre kennen, einen romantischen, gefühlvollen Studenten, der zehn Jahre jünger ist als sie. Es ist Liebe auf den ersten Blick. Pierre, der im Alter von acht Jahren seine Mutter verloren hat und in einem Heim aufgewachsen ist, sucht eine Familie, die ihn aufnimmt. Anne und Pierre erleben eine Leidenschaft miteinander, von der sie immer geträumt hatten und der sie sich ganz hingeben. Dabei spielt die Sexualität von Anfang an praktisch keine Rolle, womit sie beide jedoch gut zurechtkommen, so sehr nimmt ihre große intellektuelle Intimität sie gefangen. Außerdem richtet sich ihre Aufmerksamkeit sehr bald auf ihre Sorge um die Kinder: Der Junge reißt immer wieder von zu Hause aus, die Tochter ist suchtgefährdet … Etwa fünfzehn Jahre lang sind es diese Art Probleme, die ihr Leben bestimmen. Als sie zu mir in die Therapie kommen, sind die Kinder schon ausgezogen und leben einige Kilometer entfernt von ihrem Elternhaus. Pierre, der beruflich sehr erfolgreich ist, wirkt noch sehr jugendlich. Anne, elegant von Kopf bis Fuß, ist der dominante Teil des Paares. »Mit 59 ist mir klar geworden, dass ich mein Leben als Frau verpasst habe. Meine Freundinnen finden es alle völlig abnormal, keinerlei Sex zu haben. Ich werde alt und irgendwann ist es zu spät« – mit dieser bitteren Erkenntnis hat sie ihren Mann in die Therapie geschleppt.

Pierre reagiert sehr aufgebracht darauf und versucht, das Problem kleinzureden.

Ansonsten versteht das Paar sich immer noch sehr gut und hat viele Gemeinsamkeiten. Sie sind meist einer Meinung. Pierre überschüttet Anne mit Blumen und Geschenken, mit Komplimenten über ihre Schönheit und ihre Art, sich zu kleiden. Sie haben ein sehr ausgefülltes soziales Leben, und obwohl beide beruflich sehr eingespannt sind, finden sie immer wieder Zeit für kleine kulturelle Reisen »als Liebespaar«. Bei einer großen physischen Nähe bewahren sie gleichzeitig eine auffallende emotionale Distanz zueinander. Jeder weiß vom anderen, was er denkt, kann aber weder nachempfinden noch sich vorstellen, was er fühlt. Tatsache ist, dass beide auch zu sich selbst auf emotionale Distanz gegangen sind.

Anne hat zugestimmt, Pierre die Mutter zu ersetzen, die er nicht hatte. Pierre ist einverstanden mit dem Verzicht auf Sexualität. Implizit sind sie sich also darüber einig, dass die Sexualität eine untergeordnete Rolle in ihrem Paar spielt. Das Problem liegt jedoch darin, dass Sexualität überhaupt nicht stattfindet. Es gibt Paare, die darin übereinkommen, keine sexuelle Beziehung zu haben. Warum auch nicht? Man kann sehr glücklich miteinander sein und sein Sexualleben woanders ausleben oder beschließen, gar keins zu haben. Der Erstvertrag, den Pierre und Anne geschlossen haben, war überhaupt die Bedingung für ihre Liebesbeziehung. Er erlaubte ihnen, in der Kindheit erlebte Mangelsituationen zu wiederholen und sich alle möglichen anderen Eheprobleme zu ersparen. Der Vertrag war klar: Ihr einziges Problem besteht in dem fehlenden Sexualleben. Um diesen Vertrag herum hat sich ihre Beziehung einbetoniert. Alles, was die Neudefinition ihre Beziehung betrifft, die Organisation ihres Alltags oder die Erziehung der Kinder – alle bitteren Gefühle treten in den Hintergrund, weil sie sich darüber einig sind, was ihr eigentliches Problem ist.

Es erfordert vom Paar eine komplexe Choreographie, aus der anfänglich symbiotischen Beziehung herauszukommen. Wie wollen die Partner, nachdem sie anfangs so ineinander verschlungen und eins waren, die richtige Distanz zueinander finden, mit der sie ihren Tanz harmonisch fortsetzen können?

Nach einigen Monaten heißer Liebe beschließen Clara und Julien zusammenzuziehen. Ihre kleine Dachgeschosswohnung riecht noch nach frischer Farbe. Es ist sieben Uhr abends, und Clara wartet auf Julien, damit sie gemeinsam beschließen, wie der Abend verlaufen soll. Um halb acht ist Julien immer noch nicht da, und Clara wird ungeduldig. Um acht Uhr ist sie richtig besorgt, und als er endlich um zwanzig nach acht fröhlich nach Hause kommt, ist sie wütend. Julien fällt aus allen Wolken: Er hat auf dem Nachhauseweg einen alten Freund getroffen, den er seit Ewigkeiten nicht mehr gesehen hat, und sie sind einen trinken gegangen. Die Idee, Clara Bescheid zu sagen, ist ihm nicht einmal in den Kopf gekommen. Clara ist so frei und unabhängig, dass er sie sich als traditionelle Ehefrau, die mit einem Nudelholz auf ihn losgeht, wenn er aus der Kneipe kommt, überhaupt nicht vorstellen kann … Der Schritt, der den Tanz eröffnet, der erste Schritt zur Seite, die Aufstellung erster Regeln: Wer steckt die Freiräume jedes Einzelnen und die Abhängigkeiten ab?

Kulturell bedingt erwarten Männer und Frauen nicht das Gleiche vom Paar. Selbst wenn die Geschlechterbeziehungen sich in den letzten 50 Jahren enorm verändert haben, bleibt dennoch ein Rest, der unverändert ist. Ein Paar zu sein und schließlich eine Familie zu bilden, stellen für eine Frau ein eigenes Ziel dar. Die Wünsche und Hoffnungen von Frauen richten sich eher auf die ehelichen und familiären Bindungen. Männer erwarten sich hier weniger, weil diese Bindungen für sie einen Sockel bilden, ein Sprungbrett, von dem aus sie die Außenwelt erobern. Für sie ist das Paar die »Ruhestatt für den Krieger«. Auf diese unterschiedliche Haltung stoße ich auch oft bei homosexuellen Paaren. Wenn zwei Männer zusammenleben, sehen sie ihr Paar ganz bewusst als eine solide Basis, von der aus sie außer Haus erfolgreich andere Dinge zustande bringen können. Umgekehrt neigt ein Frauenpärchen sehr viel mehr dazu, sich ins Haus zurückzuziehen und die Außenwelt zu sich hereinzuholen. Die Paardynamik umspinnt jedes außen stattfindende Engagement wie mit einem Kokon und nährt sich dann unablässig davon.

Weil Männer und Frauen nicht die gleiche Konzeption von Nähe und Abstand haben, führt dieser Unterschied vor allem bei heterosexuellen Paaren zu Spannungen, auch wenn sie in der sehr heutigen Illusion leben, auf gleicher Augenhöhe zu sein, was ihre Wünsche und Ziele und die Rollenverteilung anbelangt, und die gleiche Weltsicht zu haben.

Neun von zehn Paaren, die zu mir kommen, bringen sehr stereotype Klagen hervor. Die Frauen werfen ihrem Partner vor, zu distanziert zu sein und nicht genügend Nähe zu teilen. Sie sagen: »Er redet zu wenig mit mir«, »Er übernimmt zu wenig mit mir gemeinsam«, »Das, was ihm wichtig ist, passiert alles außerhalb«, »Er vernachlässigt mich«. Männer wiederum finden ihre Frauen zu »bedrängend«: »Sie macht mich wahnsinnig«, »Sie lauscht, wenn ich telefoniere«, »Sie fragt mich dauernd irgendwas«, »Sie ist permanent misstrauisch«.

Um diese kleinen Dinge kreist die alltägliche Neudefinition des Paares. In der Therapie mit Paaren fallen solche Sätze immer wieder. Ich denke da an einen Mann, der sich wie folgt beklagte:

»Ich habe keinen eigenen Platz zu Hause. Fast der ganze Schrank hängt voll mit ihren Sachen, und für mich bleibt eine kleine Ecke, wo ich meine Hemden und meine Hosen hinhängen kann. Im Bett ist es noch schlimmer: Ich muss mich an die Wand quetschen, sie braucht den ganzen Platz für sich.«

Hinter dieser sehr banalen und häufigen Klage verbirgt sich die unterschiedliche Konzeption, die Männer und Frauen von Intimität haben. Was hat die Frau auf den Vorwurf, sie beanspruche den ganzen Platz im Bett für sich selbst, geantwortet?

»Ich verbringe meine Nächte doch nur damit, dir hinterherzulaufen!«

Das soll bedeuten: »Ich versuche nachts, mich dir zu nähern, weil ich das Bedürfnis nach größerer Nähe zu dir habe, wenn ich schlafe.« So formuliert, hört sich die Sache sehr spannend an. Es ergibt eine auf den Zentimeter genaue Metapher von der Nähe, die der Mann als Teil des Paars zu seiner Partnerin erträgt. Hinter den Vorwürfen kommt die Art und Weise zum Vorschein, wie jeder sein Territorium für sich absteckt und es verteidigt. Worüber jener Ehemann sich beklagt, ist identisch mit Folgendem:

»Ich halte es nicht aus, dass du mithörst, wenn ich telefoniere. Ich merke sehr wohl, dass du irgendwie in der Nähe bleibst, um mitzubekommen, mit wem ich rede und worüber.«

Was schlicht und einfach meint: »Du mischst dich in Dinge ein, die dich nichts angehen.«

Eine Frau fühlt sich von all dem, was mit ihrem Partner zu tun hat, am liebsten genauso betroffen. Für sie geht es nicht um individuelle Räume, sondern um den gemeinsamen Bereich. Männer grenzen das Paarterritorium von ihrem individuellen Raum sehr viel stärker ab. Die Unterscheidung kommt ihnen nur natürlich vor. In ihrem Sozialverhalten streben sie mehr als Frauen nach Autonomie und Individualität.

Dieser Mechanismus zieht seine Kreise: Die Männer »umklammern« ihr Innenleben wie auch ihr außerhäusliches Engagement, während die Frauen ihre Ansprüche höher und höher schrauben und immer noch mehr Aufmerksamkeit und mehr Gemeinsames fordern. Wenn diese kleinen Alltagsdinge nicht ständig explizit zur Sprache kommen, gerät das Paar schließlich in eine Situation der Abkapselung und Unzufriedenheit.

Diese unterschiedlichen Konzepte von Nähe und Distanz können auch noch Jahre später eine erstaunliche Schärfe entwickeln, wie beispielsweise bei Simon und Alice, die seit mehr als dreißig Jahren verheiratet sind. Simon ist Archäologe und beruflich sehr viel auf Reisen, speziell in Griechenland. Alice ist Informatikerin und kann sich für ihren Beruf nicht gerade begeistern. Sie konzentriert sich in ihrem Leben vielmehr auf ihre Beziehung und die Familie. Wenn sie auf Partys eingeladen sind, will Simon nie mit ihr tanzen, und sie empfindet dies als tiefe Verletzung – was Simon überhaupt nicht nachvollziehen kann. Das könnte eigentlich alles vollkommen harmlos sein, und dennoch gibt es Aufschluss über die Distanz, die er im Paar haben will und die Alice aufheben möchte. In der ersten Therapiesitzung bitte ich sie, eine Situation zu schildern, die ihre Probleme symbolisieren könnte. Sofort sagt Alice:

»Wenn wir auf Partys sind, willst du nie mit mir tanzen.«

Diese Sache mit dem Tanzen steht für ihr Paarkonzept und für alles, was sie sich davon erwartet, während es für Simon eine rein anekdotische Bedeutung hat. Gemeinsam wollen wir herausfinden, was es mit diesem Bild auf sich hat. Sie fährt fort:

»Wir geben oft Abendessen für seine Kollegen, bei denen ich dabeisitze und sie den ganzen Abend nur über Archäologie reden. Ich kann nicht behaupten, dass mich das wirklich fesselt, aber ich finde es schön, dabei zu sein und wenigstens mitzubekommen, worum es beruflich bei ihm geht. Ich versuche mich dafür zu interessieren und so an seinem Leben ein wenig teilzuhaben.«

Simon freut sich darüber, dass Alice bei diesen Essen dabei ist, hat jedoch nicht das Bedürfnis, sie in seine beruflichen Interessen und das, was ihn innerlich bewegt, mit einzubeziehen. Die Beziehung des Paares verläuft recht gut, bis Alice eines Tages der Kragen platzt. Auf einer Griechenlandreise, bei der sie ihn begleitet, fängt Simon eines Abends nach einem Essen mit Kollegen an zu tanzen und amüsiert sich prächtig. Alice ist tief verletzt und fühlt sich als komplette Verliererin. Ihr geht durch den Kopf: »Mir bleibt der Alltag, der ewig gleiche Trott im Haushalt, die Rechnungen und der Verwaltungskram. Und er lebt sein Leben und genießt es.« Zwei verschiedene Weltbilder und Vorstellungen vom Paar prallen aufeinander. Simon liebt seine Frau und seine Familie von ganzem Herzen. Er stellt die Beziehung in keiner Weise in Frage. Sie haben nur schlicht nicht das gleiche Bedürfnis nach Nähe und Gemeinsamkeit.

Verbundenheit oder Abhängigkeit?

Jeder der beiden Partner lebt aus Angst, seine Individualität zu verlieren, in einer permanenten inneren Zerrissenheit, was Simon jetzt schockartig klar geworden ist. Jeder hat dem anderen sehr bald die Schuld für diesen Verlust zugewiesen. Gleichzeitig sind sich beide bewusst, dass eine Beziehung eine sehr große Vielfältigkeit aufweisen kann, während sich durch individuelle Alleingänge schnell eine stumpfe Eintönigkeit einstellt. Bedingt durch unseren sozialen und kulturellen Kontext müssen sich alle Paare, die in die Phase der Ablösung eintreten, diesem Problem stellen, was den einen schwerer fällt und anderen weniger schwer. Nicht mit dir und nicht ohne dich, zwischen Autonomie und Abhängigkeit, zwischen Freiheit und Zwang – so führen Paare auf der privaten Bühne der Beziehung noch einmal den Konflikt auf, den zu lösen unsere Gesellschaft als Ganzes sich schon fast hundert Jahre lang bemüht. Die Welt hat sich wirklich verändert, und wir müssen in unserem Leben mit einer widersprüchlichen Realität zurechtkommen, mit dem Widerstreit von »Ich« und »Wir«, mit der Kritik an Institutionen und deren Notwendigkeit, der Errungenschaft des autonomen Individuums und dem Bedürfnis nach Schutz durch die Gemeinschaft.

Wie kann man die Individualität im Einklang mit der Gemeinschaft ausleben und nicht in Opposition zu ihr?[10] Dieses Dilemma, das durch die Entwicklung der westlichen Gesellschaft vertieft wird, macht den Kern der Paarproblematik aus. Denn das Paar ist und bleibt die kleinste regulative Instanz für die Menschen, eine Keimzelle der Gemeinschaft mit ihren Zwängen und gleichzeitig ihren Entfaltungsmöglichkeiten. Die feste Paarbeziehung steht so im Zentrum der Identitätsfindung jedes Einzelnen. Die Selbstfindung ist ein nie abgeschlossener Prozess, und sie erfordert eine permanente Neudefinition unserer affektiven Zugehörigkeiten. Das feste Paar ist aufs Engste mit dem Erscheinen des »Ich« verknüpft. Diese Anforderung verleiht dem Paar eine Dimension, die wir als »therapeutisch« bezeichnen könnten in dem Sinne, dass das Paar ständig mit der Lösung des Konfliktes beschäftigt ist, der sich zwischen »innen« und »außen« abspielt.

Das Zusammenleben

Im Zustand überschwänglicher Verliebtheit, gemeinhin zur Gründungsphase des Paares, bildet sich ein fester Glaube an gleich zwei Dinge heraus: dass der Partner derjenige ist, der mir wichtiger als alles andere ist, und dass er selbst ebenso den Wunsch hat, oberste Priorität für mich zu haben. Neben den Dingen, die sich jeder vom anderen erhofft, nämlich die geduldige Auffangstelle für seine Klagen, seine Wut, seine Ängste zu sein, neben dem: Du musst wie ich denken, wie ich reagieren und das Gleiche fühlen wie ich, erwartet jeder vom anderen, seinem Leben einen Sinn zu geben.

Wenn Paare zu mir in die Therapie kommen, befinden sie sich nicht in den Zeiten leidenschaftlichen und verschmolzenen Miteinanders, sondern im Moment der Desillusion, wenn Annäherungsversuche in ihr Gegenteil umgeschlagen sind. Auch wenn sie sich harmlos erscheinende Vorwürfe machen wie: »Du machst nie das Waschbecken sauber, wenn du im Badezimmer warst, du brauchst den ganzen Platz im Bett für dich, du schnarchst, du machst Geräusche beim Essen«, hört man immer: »Du verstehst mich nicht, wir sind zu verschieden, du sprichst mit mir nicht über mich, du sprichst nicht über dich …« Und vor allem hört man: »Du machst das ganze Leben sinnlos für mich!«

Wenn alles gut geht, wird das Paar seinen imaginären Raum umgestalten und sich der Außenwelt öffnen. Die Libido und alle Antriebskraft, die innen im Paar angesiedelt waren, erstrecken sich nach und nach auf die Außenwelt. Diese Entwicklung ist jedoch schmerzhaft und bringt Krisen mit sich, die sich als ebenso tiefgehend erweisen, wie es die anfängliche Idealisierung gewesen ist.

Kein Paar nimmt eine lineare Entwicklung, die von der ersten Begegnung bis zur Rente nacheinander dem »Lauf des Lebens« folgt: Geburt des ersten Kindes, Einschulung, Pubertät, »die Nestflucht«, die Zeit, wenn die Kinder das Haus verlassen etc. Diese Vorstellung von einer Chronologie stimmt nicht mit unserem tatsächlichen Gefühlsleben überein. Das ganze eheliche Leben ist geprägt von Phasen heilsamer Krisen und Phasen der Neuorganisation, die zeitlich wild durcheinander gehen und eben nicht notwendigerweise mit dem »Lauf des Lebens« korrespondieren.

Es gibt kein Paar, das keine Krisen erlebt. Manche Liebespaare machen es uns vielleicht glauben, in Wahrheit jedoch haben sie ein derartiges Bedürfnis danach, ihren Erstvertrag beizubehalten, dass sie alles tun, um etwaige Differenzen auszuschalten. So als würden sich beide dem Paar, das sie bilden, opfern und auf ihre Autonomie vollkommen verzichten. Um ganz offen zu sein: Ein Paar, das keine Krisen durchlebt, ist mir verdächtig.

Keiner kann sich einzig und allein durch das Paar definieren. Die Autonomie des Einzelnen ist eine grundlegende Dimension des Paares. Das Paar muss jedem gestatten, weiterhin seine eigenen Bedürfnisse, seine Wünsche und Forderungen zu haben. So gesehen ist es die erste Krise, die fundamentale Bedeutung hat.

Eine Krise ist nicht nur einfach ein Streit. Sich zu streiten gehört bei fast jedem Paar zur Normalität. Die möchte ich sehen – die Frau, die noch nie vor sich hin geschimpft hat, wenn sie zum x-ten Male die herumliegenden Socken aufsammelt, oder den Mann, der noch nie mit Trennung gedroht hat, wenn seine Frau, ohne ihn zu fragen, ein sonntägliches Mittagessen bei der Schwiegermutter vereinbart hat. Ein heftiger Zusammenstoß mit dem Chef genügt eigentlich schon, dass der Partner es ausbaden muss. Natürlich ist es eine Funktion des Paares, uns dabei zu helfen, Spannungen loszuwerden. Streits können jedoch, vor allem wenn sie die Beziehung bestimmen, ein Signal für eine tiefe Unzufriedenheit sein und die Notwendigkeit von Veränderung ausdrücken, das heißt, den Paarvertrag zu überdenken. Die Not des Paares wurzelt also nicht mehr in herumfliegenden Socken oder ungespültem Geschirr: Die Krise bringt komplexere Dinge ans Licht, von denen im Folgenden die Rede sein wird. Es geht zum Beispiel darum, den Erstvertrag neu zu formulieren, Jagd auf unsichtbare Dritte zu machen, die mit im Ehebett liegen, sich über die Wunschgebilde klar zu werden, auf denen das Paar sich unbewusst gegründet hat – und das alles, ohne in die Opferfalle zu geraten und sich gegenseitig zu beschuldigen …

Die weichenstellende erste Krise

Es kommt der Moment, wo man von der Idealvorstellung, die man sich während der ersten Verliebtheit vom anderen geschaffen hat, Abschied nehmen muss. Eine regelrechte Trauerarbeit steht einem jetzt bevor, in der man sich der Realität stellen und die Bindung neu gestalten muss.[11] Diese erste Krise wird wegweisend für das weitere Schicksal des Paares sein, weil ihr viele andere, mehr oder weniger heftige Krisen folgen werden, deren Ausgang davon abhängig sein wird, wie die erste vom Paar gemeistert wurde. Wenn die Partner das erste Mal vor der Notwendigkeit stehen, ihre Beziehung neu zu definieren, muss jeder für sich abwägen, wie weit er seine Unzufriedenheit ausdrücken soll. Man muss sich also gewiss sein können, dass Unzufriedenheit ein Verlangen nach Veränderung ausdrückt und sie nicht einfach destruktiv gegen den anderen oder die Beziehung gerichtet ist. Es ist nicht der andere, der für den gefühlten Leidensdruck verantwortlich ist, sondern das gemeinsam geschaffene Paar. Dieses beinhaltet das »Wir«. Wir sind es, die diese Beziehung, die der jetzigen Realität nicht mehr angemessen ist, verändern, neu abstecken und überarbeiten werden.

Desillusion hält also in die Beziehung Einzug. Der andere hat sich nicht verändert, sondern wir nehmen ihn nun anders wahr. Infolgedessen nehmen wir auch uns als Paar anders wahr und müssen unser inneres Bild entsprechend umformen. Der Grad der Enttäuschung entspricht den jeweiligen Mechanismen der Realitätsverleugnung, der Blindheit beider Partner. Diese Umwandlung des Bildes vom anderen und des Bildes vom Paar ist nicht wenig dramatisch, da sie zwingend auch unser Weltbild mit verändert. Das Paar ist nicht länger im Zentrum, sondern wird lediglich zu einem Teil unserer Welt. Folglich muss jeder andere Dinge finden, für die er sich engagiert; zwar beziehen diese aus der Paardynamik ihre Kraft, bestehen jedoch in Koexistenz mit dem Paar.

Wir müssen also auf das zurückkommen, was wir anfänglich abgespalten haben, und erkennen, was es war, das zu sehen wir uns geweigert hatten: nämlich die »Teufel« des anderen und auch unsere eigenen, was weder wir noch unser Partner gerne tun. An dieser Stelle drängt sich erneut ein Vergleich mit der Situation des Säuglings auf. Für ein Neugeborenes ist die Welt in zwei Hälften geteilt oder, wie Melanie Klein es ausdrückt, in »die gute Brust« und »die böse Brust«. Die gute Brust sorgt für Milch, Wohlgefühl und Zufriedenheit. Die böse Brust bringt das Gegenteil: Hunger, durchnässte Windeln, Unwohlsein und Frustrationen. Da der Säugling nicht zwischen sich und der äußeren Welt unterscheidet, projiziert er alles, was den Kategorien Gut und Böse angehört, auf die äußere Welt beziehungsweise auf seine Mutter, die für ihn am Anfang seines Lebens diese ganze Welt repräsentiert. Schritt für Schritt wird er im Laufe der ersten Lebensmonate und der folgenden ersten Jahre lernen, sich als getrennt von seiner Mutter zu sehen, und begreifen, dass er nicht ein Teil von ihr ist, sondern eine eigene Existenz führt. Er wird das Gute und das Böse, das sowohl aus seiner äußeren Umgebung als auch aus seiner Innenwelt erwächst, als eine Ganzheit einordnen können. Diese frühkindlichen Mechanismen sind in der leidenschaftlichen Verliebtheit wieder zum Tragen gekommen.

Für ein Paar kann dieser Entwicklungsschritt genauso schmerzvoll sein wie für einen Säugling. Er zwingt uns, zu unserer Aggressivität zu stehen, sie zu beherrschen und uns einzugestehen, dass sie nicht ausschließlich von außen kommt. Wenn der andere uns wehtut, werden wir von einem Verlangen nach Destruktion gepackt, das zur affektiven Bindung mit dazugehört. Wir wechseln ständig zwischen einem Verlangen zu lieben und einem Verlangen zu zerstören hin und her. Diese Ambivalenz gehört zur Natur des Menschen. Bei der Rückkehr vom »Wir« zum »Ich« geschieht dasselbe. Wir müssen unsere Aggressivität dem anderen gegenüber genauso wie dessen Aggressivität uns gegenüber als normale Bestandteile der Beziehung erkennen und sie annehmen. Hinzu kommt, dass die auf unseren Partner gerichtete Aggression Hand in Hand geht mit der, die wir gegen uns selbst hegen. Es ist dieser Trieb, der uns das, was wir in die Beziehung investieren, beständig wieder zerstören lässt – vielleicht weil wir um die Gefahr wissen, dass die Beziehung kaputtgehen kann. Wie viele Männer und Frauen provozieren eine Trennung aufgrund dieses simplen Missverständnisses! Das kleinste Anzeichen von Kälte oder Distanz, das womöglich nichts mit einem selbst zu tun hat, wird als nicht zu ertragendes drohendes Verlassenwerden empfunden, als Signal eines bevorstehenden Bruchs. Es heißt also, sich zu trennen, bevor man selbst verlassen wird, sich lieber selbst den Schmerz zuzufügen, als ihn vom anderen bereitet zu bekommen …

Sowohl die Entidealisierung des Partners als auch die der eigenen Person ist sehr schwer. Folglich setzt jeder Strategien ein, mit deren Hilfe es weniger leidvoll wird. So kann der eine das »Böse« seines Partners äußeren Umständen zuschreiben. Er fährt fort damit, den anderen »entzwei zu teilen«, und ist der Meinung, dass er für seine »Dämonen« nicht verantwortlich sei. Das »Böse« an ihm wird also mit einer Krankheit gleichgesetzt: »Diese Seite meines Mannes (meiner Frau), die mich stört, kommt daher, dass er (sie) zu viele Medikamente nimmt/zu viel trinkt. Er (sie) leidet unter Antriebslosigkeit/Ängstlichkeit, weil er (sie) Probleme in der Kindheit hatte/falsch erzogen wurde. Das ist nicht wirklich er (sie), wenn es zu Gewalt kommt. Wenn er (sie) in Krisen gerät, dann ist er (sie) wie besessen.« – Auf diese Weise sprechen wir unseren Partner frei von dem, was wir als »böse« an ihm empfinden. Wir können es auch an Dritte delegieren: »Daran ist allein seine Mutter schuld. Nur ihretwegen sind wir als Paar nicht glücklich, sie redet ihm was ein, sie manipuliert ihn.« Oder wir können es auf die Arbeit schieben, wie es bei Marie und Bertrand der Fall war.

Seit zwei Jahren lieben Marie und Bertrand sich heiß und innig. Bertrand ist Pilot im Linienverkehr, Marie ist Krankenschwester. Sie sind immer einer Meinung und engagieren sich beide sehr in der politischen Linken. Eines Tages schließt sich Bertrand einer Berufsgenossenschaft an und geht mehr und mehr darin auf. Marie ist dieses Engagement zu sehr von Corpsgeist getragen, was sie immer wieder kritisierend zur Sprache bringt. Je mehr sie dagegen angeht, desto mehr Lust verspürt Bertrand, sich erst recht zu engagieren. Es geht so weit, dass sie schließlich vor der Trennung stehen. Die Gründe für die Trennung liegen für Marie eindeutig in Bertrands beruflichem Engagement.

Was Bertrand dort investiert, betrachtet Marie als seine »bösen« Anteile. Er opfert einen Teil seiner politischen Aktivität seiner Zunft. Marie kann diese erste Meinungsverschiedenheit nicht aushalten, rationalisiert das Ganze jedoch, als handele es sich nicht um Bertrand: Das ist nicht der »wahre« Bertrand, der überzeugte Linke, der sich dieser Genossenschaft angeschlossen hat. Sie muss ihn also nur davon überzeugen, dass er nicht auf dem richtigen Weg ist.

Marie und Bertrand waren so sehr von der Außergewöhnlichkeit ihrer Liebe überzeugt, dass sie an die Phase, in der man beginnt, sich vom anderen abzuheben, falsch herangegangen sind. Sie konnte es nicht ertragen, dass er sich nicht mehr ausschließlich auf ihr Paarleben konzentriert hat, und gibt seinem genossenschaftlichen Engagement die Schuld daran. Sie hätten mit diesem Wandel in der Beziehung ohne Zweifel besser umgehen können, wenn sie sich der wahren Probleme, die sie hier zu meistern hatten, bewusst gewesen wären.

Die erste Krise stellt das Bild, das wir von uns als Paar haben, vollkommen auf den Kopf. Wir müssen jetzt die Beziehung mit jemand anderem fortführen. Wir sehen unseren Partner in einem anderen Licht. Er lebt nicht ganz und gar für unsere Liebe, er verfolgt darüber hinaus Interessen, die wir nicht teilen. Marie und Bertrand bildeten ein Paar, das noch der Illusion der Zweieinheit verhaftet war: Sie teilten alles, waren über alles einer Meinung.

Die erste Krise entsteht dann, wenn jeder beginnt, sein »Spielzeug« wieder einzusammeln, wieder er selbst zu werden. Die Frage, vor der jeder sich sieht, lautet in etwa so: »Wer will ich in diesem Paar sein, wer will ich im Leben sein, und wie kann ich beides miteinander vereinbaren?« Niemand stellt sich vom ersten Moment an die Frage, welche Art von Paar er bildet.

Die erste Krise geht immer einher damit, dass sich die Partner auseinander dividieren. Jetzt lautet die Frage: »Welche Art von Paar werden wir nun bilden, wer lässt mich mein Leben leben, als Individuum mit seinen Stärken und seinen Schwächen?« Auf einmal wird uns schonungslos bewusst, dass unser Paar nicht für alle existenziellen Fragen, die in den Flitterwochen wie wegradiert schienen, eine Antwort parat hat. Als Bertrand immer mehr Gefallen daran findet, sich genossenschaftlich zu organisieren, steht Marie allein da. Was soll sie selbst jetzt tun?

Kein Paar kommt an dieser ersten Krise vorbei, sie folgt unausweichlich auf die Zeit der illusionären Verschmelzung und der Leidenschaft.

In der ersten Krise meldet zum ersten Mal entweder der eine oder der andere Partner Zweifel an; dass sie es beide zum gleichen Zeitpunkt tun, ist äußerst selten. Bis dahin war das Paar an sich nie in Frage gestellt worden. Manche reagieren auf ihre Umgebung dann sehr aggressiv, wenn sie diese, wie im Falle Maries, verantwortlich machen für die Veränderung in der Beziehung. Andere reagieren überprotektiv, um den Partner vor der Außenwelt zu beschützen. In diesem Fall ist das Paar eindeutig auf Komplementarität ausgerichtet, mit dem alleinigen Ziel, die Illusion, eins zu sein, aufrechtzuerhalten. Dieses Überbeschützen kann so weit führen, den anderen ganz in Beschlag zu nehmen.

Aude und Martin sind kaum ein Jahr zusammen, man könnte jedoch glauben, sie kennten sich schon immer. Beide haben sehr traumatisierende Dinge erlebt. Aude hat eine schwierige Trennung von einem gewalttätigen Ehemann hinter sich, der ein regelrechtes Machtverhältnis zwischen ihnen aufgebaut hatte. Nach der Scheidung durfte sie ihre zwei noch heranwachsenden Kinder nicht mehr sehen. Unmittelbar nach dieser Trennung lernte sie Martin kennen, der noch nie verheiratet war. Die Beziehungen zu den vier oder fünf Frauen, die es in seinem Leben gegeben hatte, waren voller unerfüllter Sehnsucht und leidvoll für ihn gewesen. Er ist ein paar Jahre jünger als sie: sie ist zweiundvierzig, er fünfunddreißig.

Zwischen den beiden ist es Liebe auf den ersten Blick. Aude ist am Ende und denkt an Selbstmord, er rettet ihr das Leben. In gewisser Weise ist auch Aude für Martin die letzte

Rettung. Durch die neue Beziehung gewinnt er ein großes Stück Selbstvertrauen zurück. Sie verschmelzen sehr bald zu einer Einheit. Gleich am Tag, nachdem sie sich kennen gelernt haben, beschließen sie zusammenzuleben. Sie teilen alles: ihr Leben, ihr Geld. Sie beginnen Pläne für die Zukunft zu machen. Martin beschließt, mit Aude in seine Heimatstadt Marseille zurückzukehren. Er hat ein sehr gutes Verhältnis zu seiner Familie und wünscht sich sehr, dass Aude ein Teil von ihr wird, was ihr wiederum umso lieber ist, als ihre eigene Familie den Kontakt zu ihr völlig abgebrochen hat.

Es läuft also alles bestens für das Paar, bis die Idylle umkippt und zum Horror wird. Aude und Martin hatten sich über der Aufgabe, sich gegenseitig zu stützen, so eng miteinander verbunden, dass es zu extremen Auseinandersetzungen kommt, sobald die Lebensumstände auch nur die geringste Trennung oder Meinungsverschiedenheit mit sich bringen. Aude zeigt sich in ihrem aufbrausenden Jähzorn von einer Seite, die Martin nie an ihr vermutet hätte.

Aude wird eifersüchtig auf das Verhältnis von Martin zu seiner Mutter. Bald kann sie es nicht mehr ertragen, dass er sie zwei, drei Mal in der Woche anruft und lange Gespräche mit ihr führt. Wenn ihr die Gespräche zu lang werden oder sie findet, dass Martin zu innig zu seiner Mutter ist, ist sie dazu imstande, mit Geschirr um sich zu werfen. Sie macht ihm wegen allem und jedem eine Szene: sei es, dass er sich um eine Viertelstunde verspätet, sei es, dass sie nicht weiß, wo er gewesen ist. Alles, was von außen in ihr Paar eindringen könnte, ist ihr unerträglich. Seine Familie, seinen Beruf, seine Interessen betrachtet sie als ausgewachsene Bedrohung.

Um ihre idealisierte reine Liebe zu bewahren, versucht Aude, Martin regelrecht in Beschlag zu nehmen und ihn von seinen sozialen Beziehungen und seinen Interessen abzuschneiden. Das, was zwischen ihnen passiert, ist keine Seltenheit. Der Schwächere der beiden (in diesem Fall Aude) nimmt das Heft in die Hand und entwickelt eine große Durchsetzungskraft dabei, den anderen ganz unter seine Kontrolle zu bekommen.

In der Phase der akuten Verliebtheit stellt ein suchtkranker Partner oft seinen Drogenkonsum ein. Verliebt zu sein beschert nämlich ein genauso intensives Erleben wie mit Drogen. Bei miteinander verschmolzenen Paaren kehrt die Sucht in dem Moment zurück, in dem es zu ersten Krisen kommt – was das Paar dazu bringt, die Krise unter genau diesem Gesichtspunkt zu sehen. Die offizielle Version wird demnach lauten, dass der Grund für die Krise nicht die Lösung aus ihrer Verschmelzung ist, sondern »ein böses Etwas«, die »böse« Droge. Beide reden sich ein, dass ihre Beziehung in Gefahr ist, weil der Suchtkranke wieder der Droge anheim gefallen ist. Nicht dass dieser Rückfall das Paar entzweien würde – oft genug bringt er sie wieder zusammen. Beide kämpfen gemeinsam gegen die Sucht. »Co-Abhängigkeit« nennt man dies. Derjenige, der nicht süchtig ist, wird zum Therapeuten des anderen. Tatsächlich aber ist er schlicht und einfach abhängig vom anderen, es ist für ihn eine geeignete Methode, die Beziehung weiterzuführen und sie nicht in Frage zu stellen. In diesem Gefüge kommt ein Loslösen voneinander nicht in Frage. Es ist tatsächlich so, dass der Süchtige immer einen Partner findet, der genauso abhängig ist wie er selbst, nur ist dieser eben nicht von der Droge abhängig, sondern von der Beziehung. So bilden sich sehr komplementär funktionierende Paare: Einer ist der Kranke, der andere der Therapeut.

In der ersten Krise müssen wir auch Abschied nehmen vom idealen Ich und zu einem Selbstbild zurückfinden, das im musikalischen Sinne des Wortes harmonisch ist: zu einem weder übertrieben reduzierten noch übersteigerten Selbstbild. Die Liebesbeziehung baut sich ab dem Zeitpunkt auf, wo wir diese Trauerarbeit geleistet haben und uns der Selbstliebe und der Liebe des anderen zuwenden können. Um nicht ständig in dem Gefühl zu leben, jemand anderer sein zu müssen, um sich die Liebe des Partners zu erhalten, braucht man eine gute Portion Narzissmus, Selbstwertgefühl. Was wir selbst bisher durchlebt haben – also unsere Lebensgeschichte, die Kindheitsträume und die familiären Bande –, trägt essenziell dazu bei, den anderen annehmen und lieben zu können, diesen anderen Menschen, der uns nicht in der Wiederholung verharren lässt und uns immer Neues eröffnet. Dieses Neue errichten wir jedoch auf einer bereits vorhandenen Geschichte. Um diese Geschichte fortan umbilden zu können, ihr neues Leben einzuhauchen und um nicht unser bisheriges Leben einfach so weiterzuleben, dazu benötigen wir die Beziehung zum anderen.

Der Gründungspakt

Wir haben weiter oben davon gesprochen, wie bereits in den ersten Momenten einer Verliebtheit unmerkbar ein impliziter Vertrag geschlossen wird. Dieser Vertrag kann dauerhaft gültig werden und wie bei Anne und Pierre den Grundstein bilden für das Zusammenleben. Er wird also zum Gründungspakt des Paares.[12] Wie bei einer Heirat, wo Paare einen Vertrag schließen, der über ihr gemeinsames Hab und Gut entscheidet, über Gütertrennung oder Gütergemeinschaft, legt dieser Gründungspakt die Art und Weise der Paargemeinschaft fest. Mit dem einzigen Unterschied, dass die Abmachungen nicht bewusst und vorsätzlich getroffen werden.

Es ist, als schlössen die Partner über ihr Unterbewusstsein einen impliziten Vertrag, den beide niemals ansprechen würden. Trotzdem werden Musik und Schrittfolgen des Paares von ihm festgelegt. Ein Tanz, verliebt und eng umschlungen?

Ein Tanz, einer dem anderen zugewandt, aber ohne jede Berührung? Oder ein Tanz, jeder für sich im selben Raum? Schritt für Schritt ergibt sich der Rhythmus, ohne Zutun der Partner, die unbewusst ihre Schritte aneinander anzugleichen versuchen.

Einige, die sich beim Tanzen zärtlich umarmen, können auch Spaß daran haben, alleine zu tanzen. Sie würden, wenn sie einen Ehevertrag schließen müssten, für die Zugewinngemeinschaft optieren. Jeder bewahrt sich das Eigentum an den Gütern, die er schon vor der Hochzeit besaß, bewahrt sich seinen Stil und seine Persönlichkeit und gibt in den gemeinsamen Topf nur das, was dem Paar zugehörig ist. Dies sind die Paare, die sich »verknüpfen«[13]. Sie funktionieren nach der Formel: 1 + 1 = 3 (du, ich, unser Paar). Zusammen bilden sie ein Drittes: das Paar, das von beider Persönlichkeiten gespeist wird, sich jedoch von den zwei Menschen, die es bilden, unterscheidet. Jeder Partner ist gleichzeitig innerhalb des Paares und außerhalb. Das Ich wird nicht dauerhaft zu einem Wir.

Andere Paare oszillieren zwischen der Juxtaposition, dem »unverbundenen Nebeneinander«, und der Fusion, dem »Ineinander«. Die Partner definieren sich immer in Relation zum Paar. Entweder gehen sie komplett ineinander auf (man könnte sie »fusionierte Paare« nennen), oder aber sie stehen sich in gänzlicher Opposition gegenüber, als ob das Paar (das man folglich als »unverbunden« bezeichnen würde) etwas ist, dem man entkommen muss und gegen das beide sich zur Wehr setzen müssen, um ihre Individualität bewahren zu können.

Die unverbundenen Paare tanzen gemeinsam, ohne sich wirklich zu berühren. Sie teilen die Wohnung, jedoch nichts an Intimität. Diese Einzeltänzer würden ohne Zweifel die strikte Gütertrennung wählen. Einer neben dem anderen bewegen sie sich im Rhythmus 1 + 1 = 1 + 1. Jeder lebt für sich in seiner Welt, ist mit seinen eigenen Dingen und Vorstellungen beschäftigt und vereinigt sein Universum niemals mit dem des anderen. Es ist die heutige Paar-GmbH: eher ein Zusammenschluss zweier Personen, die eine Wohnung teilen, als zweier Liebender, die eine Gemeinschaft aufbauen.

Die fusionierten Paare, die dem weltweit herrschenden Ehemodell entsprechen, folgen logischerweise dem Rhythmus 1 + 1 = 1.

Wir haben bereits angesprochen, dass jeder sehr schnell einen wunden Punkt bei seinem Partner ausmacht. Dies geschieht unbewusst und genau deshalb, weil diese Verwundbarkeit mit einer eigenen Schwachstelle korrespondiert, die aber weder der eine noch der andere ansprechen könnte. Diese Komplementarität bildet die Grundlage des Paktes, es ist in Wahrheit ein implizites Tauschgeschäft von Schwachstellen. Intuitiv erspürt jeder die Schwäche des anderen und weiß, ohne es sich einzugestehen, dass er selbst diese Schwäche auch hat, wobei das Paar darin übereinkommt, dass keiner von beiden sie jemals erwähnt.

In gewisser Weise ist der Pakt ein Nichtangriffspakt. Ist dieses Übereinkommen – Stillschweigen über Schwächen – einmal in Kraft, kommt ein Spielball in die Beziehung: Jeder ist überzeugt davon, dass seine eigenen Schwierigkeiten aus denen des Partners resultieren, spricht es jedoch nicht aus. Dieses Spiel kann man vor allem im sexuellen Bereich beobachten. Hier finden zum Beispiel eine Frau, die unter Frigidität, und ein Mann, der unter vorzeitiger Ejakulation leidet, zusammen. Beides sind komplementäre Symptome. Der von vorzeitiger Ejakulation betroffene Mann bemerkt die Schwierigkeit seiner Partnerin, zum Orgasmus zu kommen. Die Frau wiederum nimmt das Problem ihres Partners wahr. Keiner der beiden jedoch spricht darüber. Das Paar hat sexuelle Probleme, aber wer hätte das nicht? Jeder denkt, es liege am anderen. Anschließend können sie den ganzen Tag darüber streiten, wer den Abwasch macht und wer staubsaugt, und das sozusagen »in aller Ruhe«, denn sie wissen sehr wohl, dass das eigentliche Problem woanders liegt. Sind sie sich über diesen Mechanismus bewusst? Mehr oder weniger. Sie wissen es, ohne es sich einzugestehen. Sie haben sich aufgrund ihrer komplementären Symptome gefunden und ein Paar gebildet. Denn Tatsache ist, dass man schwerlich eine frigide Frau findet, die mit einem sexuell unersättlichen Mann zusammen ist, oder umgekehrt, dass ein impotenter Mann mit einer Frau zusammen ist, die starke sexuelle Bedürfnisse hat. Es sei denn, im Erstvertrag wäre eine größtmögliche Unbefriedigtheit des Paares vorgesehen. Dann allerdings wäre die Sexualität nur ein Symptom unter verschiedenen anderen!

Das Paar gerät dann in eine Krise, wenn der Gründungspakt durch etwas in Frage gestellt wird, was nicht unmittelbar mit diesem Pakt zu tun haben muss, sondern lebensverändernde Dinge betrifft wie zum Beispiel, dass ein Kind aus dem Haus geht, ein Elternteil der Partner stirbt oder berufliche Probleme auftauchen.

Jede Art von Beziehung – eheliche wie auch freundschaftliche oder berufliche – gründet auf einem Pakt, das heißt auf einer impliziten und gegenseitigen Übereinkunft, Dinge nicht auszusprechen, die den anderen in Wut versetzen könnten. Dieser Pakt ist folglich ein Ruhe- und Ankerpunkt jeder Beziehung. Wir kennen den Schwachpunkt unseres engsten Freundes oder unserer engsten Freundin, sprechen ihn jedoch im Namen dieses Stillschweigeabkommens niemals aus, das im Gegenzug auch für unsere eigenen Schwächen gilt. Es handelt sich um ein System des gegenseitigen Schützens. Wir stellen uns vor, dass wir den anderen schützen, indem wir das, was ihm wehtun könnte, nicht ansprechen. Es ist uns gleichzeitig jedoch kaum bewusst, dass wir uns damit selbst schützen wollen, dass wir dieses Schweigen im Tausch gegen die Sicherheit geben, dass unser Partner an bestimmte Dinge, an denen wir selbst leiden, nicht rührt.

Wenn Frauen untereinander Intimitäten über ihre Beziehungen austauschen, vergessen sie anschließend die weitergegebenen Vertraulichkeiten möglichst schnell, weil sie an diesen impliziten Pakt gerührt haben. Wenn einer der Partner eine Einzeltherapie macht, wo dieses Symptom zur Sprache kommt und überwunden werden kann, führt dies zu einer »Krise des Paktes«. Das Symptom, das die Verzahnung des Paares gewährleistet hat, existiert jetzt nicht mehr.

Der Pakt schützt beide Partner vor ihren Symptomen und dem Leid, das diese mit sich bringen. Indem Krisen diesen impliziten Pakt verändern und jedem die Möglichkeit geben, sich persönlich fortzuentwickeln, schaffen sie folglich auch die Basis für eine Weiterentwicklung der Beziehung. Wird der Pakt aber nur von einem der Partner in Frage gestellt, wobei der andere nicht bemerkt oder nicht versteht, worum es geht, droht die Gefahr, dass das Paar in der Krise steckenbleibt und es nicht schafft, sie zu meistern. Das könnte dann der Zeitpunkt sein, eine Paartherapie ins Auge zu fassen. Es ist ganz wichtig, dass beide Liebenden gemeinsame Entwicklungsschritte machen, selbst wenn der eine ein schnelleres Tempo vorlegen sollte als der andere. Wenn es zu einer Krise kommt, kann man sich immer dafür entscheiden, eine andere Beziehung einzugehen; Vertrauen darin zu haben, diese Krise erfolgreich durchzustehen, ist jedoch weit mehr wert, weil beide Partner (und damit das Paar) sich auf diese Weise weiterentwickeln.

Die Stabilität einer Beziehung hilft beiden Partnern, ihre Persönlichkeit fortzubilden, da sie Kontinuität vermittelt. Und sie trägt durch die ständige Auseinandersetzung im Gespräch, in deren Verlauf jeder die Sichtweise des anderen anerkennt, zu einer gemeinschaftlichen Entwicklung bei. Dieser lebendige Austausch muss immer gepflegt werden. Das Paar leistet Hilfe bei der Selbstfindung, vor allem aber trägt es zur Ganzheit und Beständigkeit des Ich bei. Andererseits bedroht das Paar jedoch die Autonomie der Partner. Jeder kann sich als Gefangener der Betrachtungsweise und der Wünsche (selbst der Verliebtheit) des anderen empfinden.[14]

Aneinander kleben

Die Kollusion[15] entspricht dem Spiel bei Paaren mit gemeinsamen Konflikten, die unbewusst und nicht gelöst sind. Es findet statt zwischen Partnern, die beide verletzlich sind und die aufgrund früher erlebter Traumata, von denen sie sich nicht lösen können, kein gefestigtes Ich haben. Oft erweisen sie sich als hypersensibel und reagieren mit großer emotionaler Intensität. Beim geringsten Streit fallen sie sofort in ihre schmerzvolle Vergangenheit zurück. All ihre Energien sind eher auf das eigene Überleben gerichtet, als dass sie in die Beziehung fließen. Die unbewussten Konflikte beider Partner ähneln sich, sie äußern sich jedoch unterschiedlich, so dass man den Eindruck bekommt, dass beide grundverschieden sind.

Die Mutter von Richard hat sich umgebracht, als er acht Jahre alt war. Dieser brutale Verlust hat bei ihm eine tiefe Verunsicherung hinterlassen mit einer panischen Angst vor Zurückweisung. Im Zusammenleben mit Geneviève äußert sich diese Angst in Wutanfällen und einer pathologischen Eifersucht. Er lässt sie keinen Moment aus den Augen und macht schreckliche Szenen, sobald sie nur einen Schritt von ihm weg tut. Geneviève ist sanft, ruhig und zurückhaltend. Ihre Eltern waren beide Künstler und nur mit ihrer Arbeit beschäftigt. Sehr früh schon war sie in ihrer moralischen und affektiven Entwicklung auf sich allein gestellt. Die Intensität der Gefühle, die Richard ihr entgegenbringt, gleicht den Mangel ihrer einsam verbrachten Kindheit aus und gibt ihr das Selbstvertrauen zurück. Sie hat aber auch Momente, in denen sie ganz für sich sein will, was bei ihrem Freund zu unerträglichen Eifersuchtsanfällen führt. Diese Szenen legen Genevièves Verwundbarkeit wieder bloß und bestärken ihr Gefühl, allein zu sein und sich auf niemanden stützen zu können.

Je mehr sie sich zurückzieht, desto mehr dringt er in sie. Sie sagt ihm: »Ich wäre gern einen Moment allein.« Er hört: »Sie wird mich verlassen, wie meine Mutter es getan hat.« Er denkt sich: »Keine Frau verdient es, dass man ihr vertraut.« Er antwortet ihr: »Und den Nachmittag hast du mit François verbracht, glaub ja nicht, dass ich euer kleines Arrangement nicht mitbekommen habe ...« Beider Verletzlichkeit drückt sich in dieser Verlustangst aus, führt jedoch zu völlig gegensätzlichen Strategien: bei Richard zu Wut und Eifersucht, bei Geneviève zu innerem Rückzug und dem Bedürfnis, allein zu sein. Jeder braucht jedoch die Gefühlsäußerungen des anderen. Richards ungebremstes Aufbrausen erweckt Geneviève zum Leben, und die Ruhe und Sanftheit von Geneviève glätten die Wogen bei Richard. Wenn die beiden es nicht schaffen, sich gegenseitig unter die Arme zu greifen, um gemeinsam stark zu werden, kann die Beziehung sehr schnell zu einem Albtraum werden, in dem die Verletzlichkeit des einen den Überlebenskampf des anderen anstachelt und es ihm nicht mehr möglich ist, dessen Bedürfnisse zu verstehen und ihm nahe zu sein.

Geneviève und Richard gelingt es nicht, den in ihrer Lebensgeschichte begründeten Schmerz zu überwinden. Jeder ist auf seinen eigenen Weg festgelegt, und weder ihm noch ihr gelingt es, sich von ihrer Herkunftsfamilie abzusetzen. In diesem Fall dient die feste Beziehung dazu, das Leiden und

Unglück beider Partner zu lindern. Sie bilden eine Sorte Paar, das zwei Krückstöcken gleichkommt. Selbst in der Paartherapie haben sie große Schwierigkeiten, über ihre ernsten Konflikte zu sprechen. Sie erwähnen lediglich Probleme mit den Kindern, mit der Schwiegermutter, mit dem Chef oder mit anderen, es gelingt ihnen jedoch nicht, darüber zu sprechen, was in ihrer Beziehung passiert und womöglich verändert werden könnte.

Bei diesen Paaren, die wie aneinander geklebt sind, ist es in der Tat so, dass jeder vom anderen verlangt, ein allmächtiger Therapeut zu sein, der ihn so autonom werden lässt, dass er ein gefestigter, gesunder und lebensfroher Mensch wird. Beide wissen um ihr Leiden, vermögen es jedoch nur auf die Außenwelt zu projizieren, speziell auf ihre Kinder, die entsprechend auffällig sind. Ständig schwanken sie zwischen der Fusion (mit dem anderen eins sein) und der Juxtaposition (vollkommen unverbunden mit dem anderen sein) hin und her. Sie schrecken einerseits vor Nähe zurück, die sie als zerstörerische Inbesitznahme erleben, gleichzeitig aber fürchten sie auch die Einsamkeit, in der sie sich als nicht »ganz« erleben und ihrer Herkunftsfamilie und ihrer persönlichen Geschichte ausgeliefert sind. Einige dieser Paare zwischen Fusion und Juxtaposition geben Letzterem den Vorzug: Ihre Angst vor einer Beziehung mit dem anderen ist so groß, dass sie der Beziehung gänzlich aus dem Weg gehen und ohne Berührungspunkte nebeneinander her leben. Andere wiederum verlieren sich komplett in der Fusion und stellen sie niemals in Frage. Dies sind Paare, die zusammen arbeiten, nie eigene Wege gehen und niemals streiten oder, im Gegenteil, die sich ständig bekriegen, ohne auch nur auf den Gedanken zu kommen, dass sie sich entweder aussöhnen oder aber sich trennen könnten. Sie verbringen ihr Leben also in einer Fusion, die sie zerstört, die beiden jedoch auch gibt, was sie brauchen, um weiterzumachen.

Die Kollusion basiert auf dem Irrglauben, einen idealen komplementären Partner gefunden zu haben, der der perfekte Therapeut für einen sein wird. Hieraus erklären sich auch die Widerstände, einen Paartherapeuten aufzusuchen. Paare, die nicht wirklich aus Überzeugung in die Sprechstunde kommen oder bei denen der eine mehr oder weniger vom anderen dazu gezwungen wurde, glauben fest daran, für die Lösung ihrer Probleme keinen Dritten zu brauchen. Sie ändern ihre Meinung von Grund auf, sobald sie verstanden haben, dass es ihr Paar ist, welches diese Instanz des Dritten übernimmt, und dass der Therapeut dieses Paar stellvertretend verkörpert, es zum Sprechen bringt und dazu, den impliziten Paarvertrag darzulegen. Sie fühlen sich jetzt nicht mehr persönlich verantwortlich und schuldig für das, was schief gegangen ist. Der Therapeut wird ihnen nur dann helfen können, ihren Vertrag neu zu fassen, wenn sie die Bereitschaft zeigen, diese Frage anzuschneiden. Dann ist ihnen klar geworden, dass nicht »der andere« schuld ist an den Problemen, sondern dass sie es beide sind – im Namen eines Vertrages, der zu einem bestimmten Zeitpunkt seine Gültigkeit hatte, aber jetzt, wo sich beide Partner weiterentwickelt haben, vielleicht eben nicht mehr. Zu glauben, der andere wäre der ideale Therapeut für einen selbst, erstickt jede Möglichkeit, sich zu entwickeln. Das gegenseitige Beschützen ist nur dann bedeutsam und förderlich, wenn dieses Beschützen abwechselt mit Phasen, in denen man selbst schutzlos ist. Andernfalls wäre jede Entwicklung wie eingefroren und nichts bewegte sich.

Die Funktionsweise eines Paares ist nicht ein für allemal festgelegt: Ein Paar, das jahrelang miteinander verflochten war, kann, ausgelöst durch eine Krise, in eine völlige Verbindungslosigkeit oder auch Fusion geraten. Die Paartherapie richtet ihr Hauptaugenmerk auf die »Vertragskrisen« oder auf das periodisch wiederkehrende Leiden unter der Kollusion. Ihr Ziel ist es, deutlich zu machen, wie die Gruppe (das Paar) den Individuen (den Partnern) hilft und zu ihrer Bereicherung beiträgt und wie die Individuen eine Gruppe bilden. Die Paar-Gruppe hat also Priorität vor dem Individuum. Bei einer Einzeltherapie erforscht ein Individuum seine eigene Geschichte. Was mich an der Paartherapie so fasziniert, ist dieser ständige Wechsel vom Individuum zur Gruppe und zurück. Hier bewegt man sich gleichzeitig auf beiden Ebenen.

Anhand der Geschichte von Marc und Adèle lässt sich leichter verstehen, was genau die Kollusion ist. Marc und Adèle sind von Beruf Lehrer. Sie haben sich kennen gelernt, nachdem beide eine traumatische, sehr leidvolle und mit Gewalt verbundene Trennung hinter sich hatten. Beide haben einen vierjährigen Sohn, beide sind alleinerziehend. Marcs Ex-Frau ist psychisch sehr krank. Nach vielen Aufenthalten in psychiatrischen Kliniken ist sie inzwischen in ihr Heimatland zurückgekehrt. Marc und Adèle haben wirklich Schweres in ihrem Leben durchgemacht und befinden sich beide seit Jahren in Einzeltherapie.

Marcs Vater, ein sehr brutaler Mensch, hat ihn ständig nur erniedrigt und auf alles, was er tat, verächtlich und herabsetzend reagiert. Die Mutter, die sich ganz auf die Seite ihres Mannes schlug, stand zu ihrem Sohn in einem inzestuösen Verhältnis, wie es in vielen Familien vorkommt, in denen ein Missbrauch nicht tatsächlich ausgeübt wird, aber eine zu große Intimität zwischen Eltern und Kindern herrscht. Da schläft zum Beispiel das Kind immer dann im Bett der Mutter, wenn der Vater abwesend ist, es kommt mitunter zu gegenseitigen Berührungen und Zärtlichkeiten, bei denen unklar ist, wo sie beginnen und wo sie aufhören, so dass es praktisch nicht möglich ist, hier eine Schranke zwischen den Generationen auszumachen. In bestimmten Fällen kann auch physische Gewalt an die Stelle von Inzest treten. Die Vereinnahmung vom Vater oder von der Mutter ist so stark, dass das Kind nicht mehr in der Lage ist, sich auf sich selbst zurückzuziehen, als würde der Erwachsene immerfort in seinem Körper und seinem Kopf stecken. Genau das ist bei Marc der Fall. Seine Mutter erzählt ihm oft von den Schmerzen, die sie beim Sex mit ihrem Mann verspürte, und offenbart ihm alle Details ihres Intimlebens. Marc wächst zu einem extrem gehemmten Jungen heran, der überhaupt kein Selbstvertrauen und Selbstwertgefühl besitzt. Er durchlebt eine sehr schmerzvolle Kindheit. Er kann keine sozialen Bindungen aufbauen und gerät bei Unternehmungen mit Gleichaltrigen immer wieder in die Rolle des Prügelknaben.

Dann lernt er seine erste Frau kennen, die schon länger psychisch krank ist. Diese seine erste Paarbeziehung dreht sich sehr bald ausschließlich um die Schwangerschaft und die Geburt ihres Kindes. Marc setzt offensichtlich seine Hoffnung darein, der Therapeut seiner Frau zu sein und sich dabei selbst Gutes zu tun, aber er muss vor dieser schier unlösbaren Aufgabe kapitulieren. Schließlich kommt es so weit, dass er mit seinem Sohn alleine lebt.

Adèles Familie weist einige Parallelen zu der von Marc auf. Sie ist die älteste von drei Töchtern. Auch ihr Vater ist extrem autoritär und streng. Ihre Mutter ist hypochondrisch und erpresst ihre Familie. Sie gibt vor, an allen Arten von Krebs zu leiden und demnächst zu sterben. Auch sie zieht ihre Kinder permanent in ihre Eheprobleme mit hinein und lebt ihre eingebildeten Krankheiten vor ihnen aus. Die familiäre Verstrickung ist so pathologisch, dass eine Schwester von Adèle an Anorexie erkrankt und die andere zur Alkoholikerin wird. Adèle lernt einen sportlich erscheinenden Mann mit kräftigen Schultern kennen, von dem sie sich erhofft, dass er ihr die Loslösung von ihrer Familie ermöglicht. Dieser Mann stellt sich dann aber als eher gewalttätig heraus, betrügt sie und bringt sie in genau die gleiche Situation, in der ihre Mutter ist, und der sie endlich entkommen wollte. Das Paar trennt sich unter dramatischen Umständen.

Als Marc und Adèle sich kennen lernen, sind sie beide im selben Stadium, was ihr erfahrenes Leid betrifft, ihre Depressionen und ihre Schwierigkeiten, sich von einer besonders belastenden Familiengeschichte zu lösen. Für beide ist es Liebe auf den ersten Blick, sie bilden ein Paar mit zahlreichen Gemeinsamkeiten. Ihre Söhne sind im gleichen Alter, und sie werden sofort zu einer Familie mit zwei Kindern, die sie gemeinsam aufziehen. Adèle fühlt sich durch Marcs sanfte Art und sein kaum vorhandenes Selbstbewusstsein sehr geborgen. Sie hat keine Angst, ihn zu verlieren. Er hingegen nimmt bei ihr sicherlich eine gewisse Festigkeit wahr: Als älteste Tochter hatte sie wahrscheinlich die Rolle der Therapeutin für ihre Schwestern wie für ihre Mutter eingenommen. Auf diese Basis stellen sie ihre Beziehung.

Als sie das erste Mal zu mir kommen, ist es nicht wegen einer Paartherapie, sondern weil Paul, der inzwischen zwölfjährige Sohn von Adèle, Symptome zeigt, die sie beunruhigen: zwanghafte Verhaltensweisen und Schulphobie. Zum Beispiel macht er zwölfmal kehrt, um sich zu überzeugen, dass er die Tür zu seinem Zimmer wirklich geschlossen hat, oder er wechselt auf dem Schulweg immer wieder die Straßenseite. Marc und Adèle leben jetzt seit acht Jahren zusammen und waren in all diesen Jahren hauptsächlich mit Dingen beschäftigt, die außerhalb ihrer Beziehung lagen: einerseits damit, die Jungs gemeinsam zu erziehen und ihnen ein geborgenes Zuhause zu schaffen, und andererseits damit, sich gegenseitig den Rücken zu stärken, wenn sie ihre Herkunftsfamilien besuchten. Nach Wochenenden, die sie bei Marcs Mutter auf dem Land verbrachten, war Adèle jedes Mal vollkommen verstört und sagte: »Diese Frau ist ein Monster, sie zerstört ihren Sohn, röstet ihn auf kleiner Flamme und denkt nicht einmal darüber nach, was sie tut.« Ihre Streitigkeiten drehten sich nur um dieses Thema. Adèle ritt so auf dem zerstörerischen Aspekt in der Beziehung zwischen Marc und seiner Mutter herum, dass Marc sich verpflichtet fühlte, sie zu verteidigen. Selbst wenn ihm bewusst war, dass seine Familie krank ist, konnte er nicht zulassen, dass seine Frau schlecht über seine Mutter redete. Marc wie auch Adèle hätten sagen können: »Wir haben beide Eltern, die extrem zerstörerisch sind, was wir beide merken, aber lass uns nicht zu viel davon sprechen, weil ich dann in Konflikt mit der Loyalität zu meiner Familie komme und sie trotz allem vor dir verteidigen werde.« Auf diese Weise ging es Paul bald besser und er konnte sich von den Beziehungsproblemen der beiden freimachen.

Dann begannen wir eine lange Paartherapie, in deren Verlauf sie gemeinsam wachsen und sich weiterentwickeln konnten. Anstatt sich gegenseitig mit ihren Familien anzugreifen, haben Marc und Adèle gelernt, einander beizustehen und sich aus den quälenden Familiendingen herauszulösen. Sie konnten sich von der nagenden Sorge befreien, ihren Kindern schlechte Eltern zu sein und ihnen nur Ängste und Schlechtes zu vermitteln. Die Therapie hat ihnen geholfen, einander Halt zu geben, wenn sie sich ihren Schreckbildern stellen. Wenn Marc zum Beispiel während einer Sitzung begreift, dass er das Bild seiner Mutter auf Adèle projiziert und nicht Adèle es ist, zu der er spricht, kann er sich von dieser Projektion befreien und zu Adèle eine neue Beziehung aufbauen. Therapie dient immer dazu, der Wiederholung zu entkommen. Wäre dies nicht möglich, würde man in den gleichen Mustern von Bindungen und Beziehungen stecken bleiben, die man früher erlebt hat.

Gewöhnlich erwartet man vom anderen, dass zusätzlich zur Rolle des Partners oder der Partnerin noch weitere Rollen übernommen werden. Ein Ehemann räumt seiner Frau oft den Platz einer Schwester, einer Mutter, einer Geliebten, einer Freundin ein – sogar bisweilen den eines Vaters oder großen Bruders –, und entsprechend tut dies auch die Ehefrau. So ergibt sich abgesehen von der sozialen Rollenzuschreibung ein kompliziertes Puzzle aus Identifikationen, die für das Leben beider Partner prägend waren.[16] Jeder hat sich von den Personen in seiner Umgebung, die wichtig für ihn waren, gewissermaßen eine Scheibe abgeschnitten und so seine eigene Persönlichkeit entwickelt. Wobei sich ein Junge keineswegs nur mit Männern und ein Mädchen nur mit Frauen identifiziert. Die Identifikationen sind nämlich von Anfang an auf beide Geschlechter ausgerichtet. So orientieren sich kleine Jungs zunächst einmal an ihrer Mutter, bevor sie sich anderen Personen zuwenden. Beim Heranwachsen zum Jugendlichen und später zum Mann geschieht die Identifikation des Jungen teils mit seiner Mutter, teils mit seinem Vater, teils mit seinen Brüdern und Schwestern und teils mit weiteren prägenden Bezugspersonen.

Diese Identifikation hinterlässt ihren Abdruck, der sich aus vielfachen Beziehungen zusammensetzt. Wir alle haben wie auf einem Negativfilm die physischen, emotionalen und sensorischen Reaktionen auf unsere Mutter und später andere Personen gespeichert. Die Gesamtheit dieser Beziehungen und Reaktionen ergibt eine Art von Abdruck, der sich eher flach oder auch als tiefe Mulde einprägen kann und den jeder für sich verwahrt, bis er in einer Paarbeziehung wieder zum Vorschein kommt. Eine distanzierte kühle Mutter zum Beispiel, die ihre Liebe nicht durch Schmusen und Zärtlichkeiten ausdrückt, schafft ein Beziehungsmuster, das ihr Kind später auf eigene Beziehungen überträgt. Wobei die Beziehung unter Geschwistern mindestens genauso prägend ist wie die zu den Eltern, zumal Brüder und Schwestern untereinander ein viel offeneres und auch offen sexualisiertes Verhältnis haben als zu den Eltern. Wie viele Frauen suchen bei all den Männern, denen sie begegnen, nicht nach genau der Passform, die identisch ist mit der ihres großen Bruders, den sie so angehimmelt haben? So tun sich reichhaltige Möglichkeiten für uns auf, mit verschiedenen Partnern oder auch mit einem, dem wir multiple Rollen übertragen, unseren Erfahrungsschatz an Beziehungen zu vertiefen und zu vermehren.

Der Fortgang der Geschichte von Paul und Odile (vgl. S. 29ff.) macht deutlich, wie all diese Abdrücke sich zu Phantomen wandeln können, die unbemerkt ihr Ehebett bevölkern. Erinnern wir uns, dass Paul, als er arbeitslos wurde, damit begann, Facetten seiner Sexualität zu erkunden, die er bis dahin nie zugelassen hatte. Als ich sie zwei Monate nach der ersten Sitzung wieder empfange, sind sie dabei, ihr Leben als Paar auf diesen neuen Umstand hin auszurichten. Aus ihrer tiefen gegenseitigen Bindung heraus haben sie beschlossen, die Krise zu bewältigen. Odile akzeptiert Pauls gelegentliche Besuche spezieller Clubs, was für sie sehr schmerzhaft ist und ihm wiederum große Schuldgefühle bereitet, was jedoch auch von einem neuen Vertrauen in ihre Beziehung begleitet ist. Sie sprechen darüber, was diese Situation jeweils in ihnen auslöst, versuchen zu verstehen, wie es dazu gekommen ist und wohin es führen mag.

Ihr Liebesleben war nie wirklich befriedigend. Für Pauls Geschmack hatten sie einfach zu wenig Sex. Odile spricht davon, sich wie »betäubt« vorzukommen. Wenn Paul sie berührt, fühlt sie sich sehr schnell unter Zwang. Sie nimmt an, es sei eine unbewusste Blockade, die sie schwerlich durchbrechen könne. Paul schließt sich dieser Argumentation an: Er hat bemerkt, dass Odile, sobald sie schläft, eindeutig auffordernde Bewegungen macht und Zärtlichkeit zeigt. Also hat sie durchaus sexuelle Bedürfnisse, die sie jedoch niemals im wachen Zustand äußern würde, was Paul beunruhigt. Für ihn stellt sich die Frage, ob sie nicht von einem anderen Mann träumt. Odile streitet dies entschieden ab – sie würde sich zwar schon gerne Phantasien über andere Männer machen, aber sie tut es nicht.

Dann erfahre ich von ihr, dass sie ein Einzelkind ist und ihr Vater die Familie verlassen hat, als sie noch ganz klein war. Fortan schlief sie mit der Mutter in einem Bett. Tief verzweifelt begann ihre Mutter immer mehr dem Alkohol zu verfallen, und Odile fühlte sich verantwortlich ihr gegenüber. Da die Mutter sich zunehmend wie ein verzogenes Mädchen verhielt, übernahm Odile gewissermaßen die Mutterrolle. Sie lebte in einem quasi inzestuösen Verhältnis. Als Odile heranwuchs, konzentrierte sie sich auf die Schule und wurde in sehr jungen Jahren selbstständig. Mit dreiundzwanzig, nach nur wenigen sexuellen Erfahrungen, lernt sie den siebzehnjährigen Paul kennen, der jedoch wesentlich älter wirkt (sie hingegen sieht um einiges jünger aus). Pauls Vater hat ihn mit besonderer Härte und Strenge behandelt und keine Gelegenheit ausgelassen, ihn zu erniedrigen und als vollkommen unfähig hinzustellen.

Durch ihre Leidenschaft füreinander ändert sich das Leben dieser beiden jungen Leute. Odile ist selbstsicher, fürsorglich und optimistisch. Sie trägt zu Pauls Selbstsicherheit bei, bei dem sie sich geborgen fühlt, da er alles organisiert. Er entscheidet, wo sie wohnen, welche Möbel sie anschaffen, wohin sie abends ausgehen oder wie sie ihr Geld ausgeben. Odile glaubt also, jemanden gefunden zu haben, der sie ein für allemal aus der Abhängigkeitsbeziehung zu ihrer Mutter befreit hat. Endlich kann sie wie ein kleines Mädchen sein, das auf jemanden hört, der ihr sagt, was sie tun soll. Gleichzeitig aber findet sie sich doch in etwas gefangen, das sie aus dem Verhältnis zu ihrer Mutter kennt, seit sie für diese die Mutterrolle übernehmen musste. Die Beziehung zu Paul hat für sie wie für ihn eine heilsame Wirkung. Die Verschmelzung, in der Odile mit ihrer Mutter gelebt hat, hat ihr jedoch überhaupt keinen Zugang zu einem eigenen Innenleben und zu Phantasien erlaubt, die zweifellos ohnehin zu extrem gewesen wären, als dass sie sich diese zugestanden hätte. Odiles Mutter schläft mit im Ehebett.

»Ich muss das genaue Gegenteil von meiner Mutter sein«, »Sie ist wie ein launisches Kind, ich werde eine gefestigte, selbstsichere Frau sein«, »Sie hat nichts Mütterliches, ich werde sehr mütterlich sein«. In Odiles Körper hat sich diese von Hassliebe geprägte Beziehung sehr tief eingegraben. Die Tränen, die Gewalt, die Zurückweisungen und dramatischen Szenen, die sich zwischen ihr und ihrer Mutter abgespielt haben, wenn diese getrunken hatte, kann man sich vorstellen. Es ist, als ob Odile alle nur denkbaren Zugänge zu ihrer sexuellen Entwicklung verriegelt hätte.

Am Anfang ihrer Beziehung ist Paul sehr mit seiner Ausbildung beschäftigt. Anschließend widmet er sich seinem beruflichen Fortkommen und macht Karriere. Trotz der für ihn unbefriedigenden Situation ist er ein treuer Ehemann und betrügt seine Frau nie. Odile fühlt sich aufgrund seiner entschiedenen und dominanten Art sehr geborgen, bis es ihr eines Tages zu viel wird. Nicht einmal die kleinste Entscheidung kann sie selber treffen. Nie rückt er von seiner Position ab.

Nun stellt sich eine Frage, die im Zentrum jeder Paartherapie steht. Wenn Odiles Blockade tatsächlich auf ihre Mutter zurückzuführen ist, was kann Paul dann zur Besserung der Paarbeziehung beitragen? Hier gibt es zweierlei zu bedenken: Angenommen, sie betrachtet diese Blockade als etwas, das nur mit ihr zu tun hat und das sie ganz alleine bewältigen muss. Dann hilft eine gemeinsame Therapie den beiden gar nichts. Angenommen jedoch, Odile ist der Meinung, dass ihre Schwierigkeiten sie beide als Paar betreffen, dann stellt sich die Frage, was Paul zur Lösung beitragen kann. Ein entscheidender Schritt in der Therapie ist es, sich ein bestimmtes Problem eines Partners gesondert anzusehen und es in den »gemeinsamen Topf« des Paares zu tun, ihm also nicht eine individuelle, sondern eine relationelle, d. h. das Paar betreffende Bedeutung zu geben. Wenn das Problem das Paar betrifft, dann ist es auch das Paar, das eine Lösung bereithalten kann. Ich frage Odile also:

»Gibt es irgendetwas, das Paul anders machen könnte, damit es für Sie ein wenig leichter wird?«

Ihre Antwort lautet: »Ich glaube, ich ertrage es nicht mehr, dass er nie wankt oder zögert. Wenn er flexibler wäre und mir auch einmal die Initiative überließe und ich etwas entscheiden könnte, würde mir das sicherlich dabei helfen, mehr aus mir herauszukommen.«

Es wird deutlich, wie sehr diese Bindung sie zugleich befreit und einzwängt. Für Odile ließ sie mit Sicherheit von Anfang an wenig Freiraum, woran sie jedoch nur zu gewöhnt war. Paul wiederum hat sich durch ihre sehr fürsorgliche Art trotz der fast vollständig fehlenden Sexualität, die dies mit sich bringt, bis zu dem Moment bestätigt gefühlt, als alles für ihn zusammenbrach. Mit dem Verlust seiner Arbeitsstelle büßte er zugleich seine dominante männliche Rolle ein als derjenige, der arbeitet und das Geld nach Hause bringt. Das war für ihn der Auslöser, aus der Beziehung auszubrechen und seinen sexuellen Phantasien nachzugeben. Er frequentiert sadomasochistische Clubs, wo er seine dominante Seite ausleben kann.

Odiles Bitte an ihn, weniger bestimmend zu sein, zielt genau auf diese obsessive Dominanz, die ihre sexuelle Entfaltung offensichtlich verhindert. Sie spricht in diesem Zusammenhang zwar nicht von Sexualität, sondern meint Nachgiebigkeit in alltäglichen Dingen. Dahinter verspürt man jedoch auch ihre sexuellen Wünsche. Die Maxime dieses Paares könnte lauten: sich helfen, aber nicht von der eigenen Position abgehen. Sie sind beinahe anrührend, wie sie aneinander appellieren und sich zu verstehen versuchen. Sie können sich jedoch beide nicht aus ihrer Geschichte befreien und auch die Gespenster nicht verjagen, derer sie sich nicht bewusst sind. Dieses Unwissen geht so weit, dass Paul den Vorschlag gemacht hat, für Odiles schwer kranke Mutter eine Wohnung im gleichen Gebäudekomplex, in dem sie leben, zu kaufen. Odiles Reaktion war ablehnend, aber Paul hat darauf bestanden, als wüsste er, dass die Präsenz von Odiles Mutter notwendig ist für die Stabilität ihrer Beziehung. Es kommt jetzt darauf an, wie weit beide in der Lage sind, sich gegenseitig dabei zu unterstützen, den unerwünschten Personen, die sich in ihrem Bett breit machen, einen Tritt zu versetzen, um endlich wieder zu zweit zu sein!

Viele Ehebetten sind von solchen Gestalten besetzt, die dort nichts verloren haben. Patrick und Jérome leben seit achtzehn Jahren zusammen. Ihre Beziehung stand unter einer schweren Prüfung. Patrick litt jahrelang an Aids, dank neuer Behandlungsmethoden jedoch verbesserte sich sein Zustand, und er konnte seine Arbeit wieder aufnehmen. Doch jetzt, da sich all ihre Sorgen auflösen und das Leben wieder seinen Gang nehmen könnte, droht die Beziehung zu zerbrechen. Jérome denkt an Trennung. Weil sie sehr aneinander hängen und beide eine Trennung vermeiden wollen, kommen sie in die Therapie. In einer Sitzung erzählt Jérome von einem Traum, was in Paartherapien selten geschieht, aber aufschlussreich sein kann, wenn Klienten von sich aus berichten. Also höre ich aufmerksam zu.

Jérome geht in seinem Traum an einem Graben entlang, der zur einen Seite von Eisenbahnschienen begrenzt wird und zur anderen von einem höher gelegenen Weg, auf dem

Patrick geht. Damit Jérome die Böschung erklimmen könnte, bräuchte er Patrick, der sich jedoch weigert, ihm die Hand zu reichen und zu helfen. Voller Wut sucht Jérome eine Stelle in der steilen Böschung, von der aus er selbst hochklettern kann. Oben angekommen, geht er in die entgegengesetzte Richtung davon. Er gelangt in ein Zimmer, in dem auf einem Bett seine tote Schwester liegt, umgeben von brennenden Kerzen. Er fühlt, dass er auf sie aufpassen muss. Seine Schwester öffnet die Augen. Also ist sie gar nicht tot. Jetzt ist er mit seiner Schwester woanders, und sie will ihn streicheln und ihm etwas zuflüstern. Ihn packt das Grauen, und er stößt sie von sich. Dieser Traum zeigt eine Analogie zwischen seinem Freund und seiner Schwester, die Jérome überhaupt nicht bewusst ist, die jedoch sein Paarleben bestimmt. Sein Lebenspartner hätte sterben können und war dieser Bedrohung gewissermaßen »erfolgreich« begegnet. Zu Beginn des Traums hat er Jérome seine Hilfe verweigert, wobei dann die Schwester seinen Platz eingenommen hat. Diese wollte ihn berühren, so wie Patrick mit ihm wieder ein sexuelles Leben aufnehmen wollte, was Jérome selbst jedoch nicht wollte; die Vorstellung stieß ihn sogar ab. Dies führt ihn auf die schwierige Beziehung zu seiner Schwester zurück. Seine Schwester war die Älteste, und es gab nach ihm noch einen kleinen Bruder. Seine ganze Kindheit und Jugend hindurch hing seine Schwester sehr an ihm. Er jedoch war nur damit beschäftigt, sie zurückzustoßen und seine Zeit mit dem kleinen Bruder zu verbringen, zu dem er sich umso mehr hingezogen fühlte. Seiner Schwester gegenüber empfindet er große Schuld. Und so bekommt dieser Traum seinen Sinn. Jérome und Patrick haben über Jahre hinweg als Paar in einer Geschwisterbeziehung gelebt, wobei sich für Jérome in Patrick seine Schwester verkörpert hat. Das ließ Schuldgefühle wieder hochkommen und sexuelle Distanz.

Kommen wir zu Rodolphe, der den Eindruck hat, dass es in ihm zwei vollkommen verschiedene Personen gäbe. Die eine ist sehr ruhig, ausgeglichen und selbstsicher. Rodolphe ist der Chef einer Firma und sehr kompetent. Er kann seine Leute gut führen und bringt Projekte in Gang. Die andere Person in ihm, die sehr ängstlich und angespannt ist, leidet unter Schlaflosigkeit und kann Alleinsein nicht ertragen. Wenn er alleine zu Hause ist, verliert er vollkommen die Fassung, weiß nicht mehr, was er tun soll, ruft alle möglichen Leute an und verlangt von Emmanuel, seinem Lebenspartner, dass er da sein soll, um ihm wieder Sicherheit zu geben. In der Therapie haben wir viel an dieser doppelten Persönlichkeit gearbeitet. Eines Tages sagt Rodolphe: »Diese aufgewühlte und ängstliche Seite an mir, das ist mein weiblicher Anteil. Und die ruhige und ausgeglichene Seite ist mein männlicher Anteil.« Es stellt sich heraus, dass er im Grunde genommen die Zuschreibung, was bei ihm männlich, was weiblich sei, auch andersherum hätte vornehmen können. Genau dies führt ihn nun zu den sehr unterschiedlichen Bildern, die er von seinen Eltern hat. Da ist einmal eine Mutter, die unruhig und ängstlich ist und ihm und seinen zwei jüngeren Brüdern keinen Raum lässt, und dann ein bestimmender und etwas distanzierter Vater, der ihnen jedoch sehr viel mehr Geborgenheit vermittelt. Rodolphe ist seinen beiden Brüdern gegenüber in die Rolle des Ersatzvaters geschlüpft, um sie vor der Mutter abzuschirmen. Sie war nach der Geburt des dritten Kindes immer mehr dem Alkohol verfallen, und ihre Sucht äußerte sich spürbar in ihrem Verhalten den Kindern gegenüber. Und so lief Rodolphes Entwicklung darauf hinaus, seinen Brüdern ein guter Vater zu sein und gleichzeitig seiner unsicheren Mutter nahe zu sein und ihr beizustehen. Beides existierte in ihm nebeneinander und führte zu einem permanenten inneren Konflikt.

Ich frage Rodolphe, wie es weiterging, wie sich die Beziehung zu seiner Mutter seither entwickelt hat. Gerade am vergangenen Wochenende ist er zu Besuch bei seinen Eltern gewesen. Ab dem Moment, wo er das Elternhaus betritt, wird er ängstlich, denn er weiß, dass es nicht gut gehen kann. Fast jedes Mal, wenn er kommt, steht seine Mutter im Wohnzimmer am Bügelbrett und hat ihre Leidensmiene aufgesetzt. »Es sind höchstens zwei Hemden in der Woche, die sie für meinen Vater bügeln muss, er trägt ja nur T-Shirts. Aber wenn ich komme, holt sie das Bügeleisen raus, um mir zu beweisen, dass sie das arme Opfer ihres Ehemannes ist und allen Grund zu klagen hat. Sie trägt immer ein altes zerschlissenes Nachthemd voller Flecken, dabei hat sie mehr als genug Geld, um sich dreißig sehr elegante Nachthemden zu kaufen.« Ihm ist die theatralische Dimension des Auftritts seiner Mutter klar, dennoch sagt er: »Ich kann nichts dagegen tun, aber ich fühle mich verletzt.« Ich hake bei diesem Wort nach. Warum sagt er »verletzt«? Er könnte Schuldgefühle haben. Er könnte sich sagen: »Ich bin ein schlechter Sohn und kann der Rolle, die ich ihr gegenüber erfüllen muss, nicht gerecht werden.« Der Auftritt der Mutter beschädigt folglich sein Selbstbild. Er ist in dem Maße betroffen, wie diese Mutter, die in einem zerrissenen Hemd dasteht und bügelt, ein Teil von ihm ist, ein hässlicher, kranker, niedergeschlagener, betrunkener Teil seiner selbst. Er selbst hütet sich vor Sucht in jeder Form. Er versucht aufzuhören zu rauchen. Er hat das Gefühl, sowie er etwas trinkt, dass er sich nicht bremsen kann, also rührt er Alkohol erst gar nicht an. Es fällt ihm schwer, einen klaren Verstand zu wahren. Eine Art innerer Polizist oder Therapeut wacht über die Seite in ihm, die immer außer Kontrolle zu geraten droht.

Rodolphe hat sich rund um den inneren Konflikt zwischen zwei Personen seiner Kindheit ein Leben aus Imagination und Phantasien errichtet, ohne diese Personen umzugestalten. Es fällt auf, dass er gegenüber Emmanuel, seinem fünfzehn Jahre jüngeren Lebenspartner, eine ausgesprochene Beschützerrolle übernommen zu haben scheint. Gleichzeitig gibt Emmanuel ihm innere Ruhe. Wenn er nicht bei ihm ist, wird die »väterliche« Seite an ihm nicht abgerufen, und so sieht er sich ganz seiner »mütterlichen« Seite ausgeliefert: innerlich in Aufruhr, nervös, voller Ängste, eine Zigarette nach der anderen rauchend. Emmanuel ist zu einem Bestandteil seines imaginären Lebens geworden, um die Funktion eines schützenden Geländers einzunehmen.

Phantasien und das gemeinsame Unbewusste

Phantasien haben eine grundlegende Funktion. Mit ihrer Hilfe kann das Kind und später der Erwachsene sich in bestimmte Situationen versetzen, die ihn vor Aggressionen von außen beschützen und ihm die Möglichkeit verschaffen, sich in eine Phantasiewelt zu flüchten, wo er die für ihn zu gewaltsamen Elemente der Realität von sich fern halten kann. Oft sind es sexuelle Phantasien. Es ist nicht einfach für Kinder, die Geschlechtsunterschiede einzubeziehen. Sie müssen das Geschlecht des Mannes, das Geschlecht der Frau und den so genannten »fleischlichen Akt« begreifen, die körperliche Vereinigung ihrer Eltern. In ihrer Phantasie malen sie sich Bilder und Szenen hierzu aus, um es verstehen zu können. Die Vorstellung des weiblichen Geschlechts (dessen, was man nicht sieht) kann ein Kind erschrecken. Durch assoziativ verbundene Gedanken wird es zu dem Bild eines Schlundes gelangen, einer Leere, in die man hineinstürzen kann. Rund um die Geschlechterunterschiede ersteht eine ganz eigene Vorstellungswelt.

Diese bildhaften Vorstellungen sind, selbst wenn sie sich mit dem Älterwerden wandeln, auch bei Erwachsenen noch vorhanden und können gewisse psychische Probleme erklären wie Phobien, Obsessionen oder Perversion. Um zu einem Orgasmus zu gelangen, stellen sich einige Frauen vor, dass sie einer Bande von Vergewaltigern ausgeliefert sind oder mit mehr oder weniger Gewalt genommen werden. Selbstverständlich verspüren sie in keiner Weise den Wunsch, tatsächlich zum Sex gezwungen oder gar vergewaltigt zu werden! Zwischen der Phantasiewelt und der realen Welt gibt es eine Grenze. Diese Phantasien haben einzig die Funktion, dass Frauen, die sich gehemmt fühlen, sich von einer aktiven Beteiligung lösen und so den Sexualakt freier genießen können. Um ein erfülltes Leben zu haben, müssen die Phantasien überhaupt nicht realisiert werden, ganz im Gegenteil, denn genau mit diesen Phantasien kann man auf Abstand zur Realität gehen.

Andere imaginäre Vorstellungswelten sind an »Größe« gebunden. Ein Kind, das von seinen Eltern oder von Klassenkameraden erniedrigt wird, entwickelt beispielsweise Allmachtsphantasien, in denen es der König der Welt ist, die Gedanken anderer lesen kann und Ähnliches. Das soziale Leben birgt eine Fülle solcher Phantasien. Wir alle kennen das, wenn wir zum Beispiel in einer Sitzung Zielscheibe der vernichtenden Kritik unseres Chefs werden und uns in allen Farben ausmalen, wie wir ihn auf kleiner Flamme rösten oder ihn vor aller Welt lächerlich machen werden.

Diese Vorstellungswelten rufen das gesamte Personal des inneren Theaters unserer Kindheit auf den Plan: Vater, Mutter, Lehrerin, Großvater, Brüder und Schwester etc. Der kleine Junge, der sich in einer Allmachtsphantasie vorstellt, dass er ein Krieger mit einem großen Schwert ist, der die ganze Welt besiegen wird, nimmt in abgewandelter Form seinen Vater und seinen großen Bruder mit in dieses Bild hinein. Eine gute

Methode, sich stärker als sein Bruder zu fühlen oder den Vater verschwinden zu lassen, der bestimmte Dinge verboten hat oder einen für etwas bestraft hat! Manchmal sind diese Figuren aus der Kindheit zwar so abgewandelt, dass sie nicht wiedererkennbar sind, und dennoch sind sie in diesen Phantasiegebilden präsent.

Zwei, die ein Paar bilden, tragen eine bestimmte Anzahl imaginärer Szenen und bewusster und unbewusster Phantasien in sich, die mit ihrer Sexualität oder anderen Lebensbereichen in Verbindung stehen, besonders aber mit den Machtstrukturen, die es zwischen ihnen geben mag. In der Regel tauscht man sich über seine Phantasiewelten mit dem anderen nicht aus. Eine Frau, die mit ihrem Mann zum Orgasmus kommt, indem sie sich eine Vergewaltigungsszene vorstellt, wird ihm davon nichts erzählen, weil sie weiß, dass das nicht gut ankommen würde oder falsch verstanden werden könnte. Jeder lebt seine Phantasien so, als würde nur er allein sie haben, dabei sind es sehr verbreitete Vorstellungen. Die Grenzziehung zwischen sich und dem anderen vollzieht sich entlang dieser Phantasien. Das Phantasieleben des anderen zu betreten und in dieses Universum einzudringen, wo man Dinge sieht, die für einen selbst extrem bizarr und fremd sind, wäre die schlimmste Grenzverletzung.

Es ist also nicht nötig, den Partner an den eigenen Phantasien teilnehmen zu lassen! Im Gegenteil, man behält sie besser für sich und bewahrt sich damit einen intimen Bereich seiner selbst. Paradoxerweise und ohne sich dessen bewusst zu sein, finden sich Paare doch sehr oft über ein komplementäres Phantasieleben zusammen. Die Phantasien des einen verflechten sich mit denen des Partners. Sie erschaffen so ein gemeinsames Phantasiegebilde, das weder zum einen noch zum anderen gehört, sondern das imaginäre Leben des Paares konstituiert, so als würde unbewusst jeder den anderen an seinem eigenen imaginären Leben teilnehmen lassen.

Ist einer der Partner sehr von perversen Phantasien bestimmt, wird er es schaffen, dass das Paar sich danach ausrichtet. Pervers bedeutet dabei nicht eine perverse Sexualität (was ist in der heutigen Sexualität schon noch anormal?), sondern die Behandlung des anderen als ein Objekt und nicht als Person. In der Perversion ist die Angst vor dem anderen so groß, dass er auf einen Objektstatus reduziert wird, um ihn auf diese Weise auf Distanz halten zu können. Bei Sadomasochismus ist augenfällig, wie ein Gewaltgefüge hergestellt wird, um den anderen in seine eigenen Phantasmen hineinzuziehen.

Paul ist in seiner Entwicklung stark zurückgeblieben. Als Kind hat er sehr unter einer Mutter gelitten, die an Anorexie und Depressionen erkrankt war, oft stationär behandelt werden musste und unfähig war, ihren zwei Söhnen gegenüber affektive Regungen zu zeigen. Er hat nie Zärtlichkeit erlebt. Noch als Erwachsener leidet er unter diesem affektiven Mangel und hat große Schwierigkeiten, Empfindungen und Emotionen auszudrücken. Wie seine Mutter ist er nicht in der Lage, sich den Menschen, die er liebt, spontan zuzuwenden, insbesondere nicht seiner Frau. Muriel ist in ihren Gefühlen sehr viel offener und trägt ihr Herz auf der Zunge. Sie haben sich zweifellos aufgrund dieser Komplementarität als Paar gesucht und gefunden. Muriel schätzt die Zurückhaltung und ausgeprägte Treue ihres Mannes. Sie weiß, dass sie sich immer auf ihn verlassen kann, weil Paul ein sehr pflichtbewusster Mensch ist. Sie fordert ihn mit ihrer Liebe und ihren Gefühlen heraus, und er merkt, dass es ihm hilft, ein wenig aus seiner gewohnten Reserve herauszukommen. Nichtsdestoweniger erfährt diese gegenseitige Ergänzung in bestimmten Momenten auch ihre Grenzen. Paul findet Muriel bisweilen zu aufdringlich. Er ist es gewohnt, seine Innenwelt abzuschirmen, und fühlt sich »angegriffen«, wenn Muriel ihm zu nahe kommt. Dann zieht er sich wie in ein Schneckenhaus zurück, was Muriel wiederum sehr verletzt. Er ist fähig, tagelang kein Wort mit ihr zu reden. Sie haben die Paartherapie begonnen, weil sie hoffen, dass ihre Beziehung sich dadurch bessert. Muriel ist schwanger, sie erwartet Zwillinge. Die Schwangerschaft war einer der auslösenden Momente für die Therapie. Beiden ist so sehr bewusst, dass die Mutter von Paul vor allem »Schlechtes« vermittelt hat, dass sie sich fragen, was sie selbst wohl ihren eigenen Kindern weitergeben werden.

In der vierten Sitzung erzählt Paul, dass er von einem immer wiederkehrenden Traum geweckt wurde: Bei einer Party oder einem festlichen Empfang stellt ihm eine Frau nach, die ihn dazu verführen will, mit ihr in aller Öffentlichkeit und unter den Augen von Muriel zu schlafen. Peinlich berührt, versucht er ihr zu entkommen. Als er sich noch einmal umdreht, merkt er, dass diese Frau keine andere als seine Mutter ist. Es packt ihn die Angst, vor allem, weil sie ihm in ihrem zerrissenen Kleid und mit wirrem Blick wie eine Irre erscheint. Zutiefst erschrocken wacht er auf.

Muriel beginnt zu lachen. Sie ist im selben Moment wie er ebenfalls aus einem Traum erwacht. In ihm hat Paul in ihrem Beisein ihre Schwester verführt, ist mit ihr in ein Auto gestiegen und an einen romantischen Ort gefahren. Sie wundert sich darüber, dass sie nicht verzweifelt ist, sondern sich, im Gegenteil, beiden sehr verbunden fühlt. Sie sagte sich: »Vielleicht tut es beiden gut, sich ein verliebtes Wochenende zu gönnen.« Natürlich ist die Vorstellung, dass Paul ein Abenteuer mit ihrer Schwester haben könnte, für sie unerträglich und auch absurd.

Paul weiß, dass seine Mutter einen angstbesetzten Platz in seinem Leben einnimmt, was ihn bis in seine Phantasien verfolgt. Er fühlt sich gleichzeitig abgestoßen und davon angezogen. Ausgehend von seinem Traum erzählt er weiter, dass er in der Realität oft auf Partys oder bei sonstigen Gelegenheiten, wo viele Frauen anwesend sind, von Verführungsphantasien gepackt wird. Er ist sich seiner selbst so wenig sicher, dass er in seiner Phantasie immer wieder Szenarien entwirft, wo alle Frauen ihm zu Füßen liegen und er sich in der Rolle des Don Juan wiederfindet. Sowie sein Blick auf eine Frau fällt, die ihn länger als zwei Sekunden fixiert, stellt er sich eine abenteuerliche Sexaffäre mit ihr vor. Selbstverständlich verbietet er es sich. Um dieses Verbot für ihn jedoch erträglich zu machen, projiziert er es auf seine Mutter, diese Furcht einflößende Mutter, die ihn überallhin verfolgt und ihn gleichzeitig davor bewahrt, seine Grenzen zu überschreiten.

Was Muriel betrifft, so hat sie als Älteste ihrer kleinen Schwester Claudine immer gerne beigestanden. Muriel erzählt jetzt auch, dass Claudine als Jugendliche unter Anorexie gelitten hat und sie selbst in dieser Zeit Claudine gegenüber eine therapeutische Rolle eingenommen und sehr darum gekämpft hat, ihre Schwester von dieser Krankheit zu befreien. Dies alles findet sich in dem Traum wieder – sie »schenkt« Claudine ihren Ehemann, um ihr zu einem erfüllteren Leben und einem bislang entbehrten Sexualleben zu verhelfen.

Nachdem Muriel schon ihrer Schwester gegenüber eine Therapeutenrolle eingenommen hatte, ist sie nun in dem unbewussten Pakt, den sie mit Paul hat, seine Therapeutin.

Das Besondere an dieser Sitzung ist die Tatsache, dass Paul und Muriel entdecken, dass sie zur selben Zeit sich einander ergänzende Träume hatten: Er ist von seiner Mutter verfolgt, die ihn kastrieren will; sie führt ihm ihre Schwester zu und bewahrt ihn damit vor dieser imaginierten Vereinnahmung. An dieser Stelle erkennt man eine Vorstellungswelt, die beiden gemeinsam ist (Muriel wird für Paul zur »guten Mutter«, so wie sie es für Claudine gewesen ist) und die die Phantasiewelten beider in sich vereinigt. Dies findet sich explizit auch in ihrer Beziehung zueinander wieder: Muriel ist unablässig damit beschäftigt, Paul zu ernähren, es ihm behaglich zu machen und ihn anzuregen. Paul verleiht ihr in seinem Traum die Rolle der mütterlichen Beschützerin, die Muriel sich in ihrem eigenen Traum auch selbst gibt. Der beiden bewusste Ablauf ihres Alltagslebens, in dem Muriel Paul beschützt, ist nach und nach in ihre Phantasiewelt eingedrungen, wo Muriel sich als beschützende Übermutter sieht. Zwischen ihrer Phantasiewelt und der realen Welt herrscht ein ständiger wechselseitiger Austausch.

Der Peiniger und das Opfer

Zahlreiche Bücher, Aufsätze und Fernsehsendungen haben eingehend auf etwas aufmerksam gemacht, das man seither übereinstimmend als »seelische Gewalt«[17] bezeichnet, bei der ein Individuum Opfer eines anderen wird, eines narzisstischen Perversen. Manchmal gilt es, den gerade herrschenden Meinungen gegenüber misstrauisch zu sein. Der narzisstische Perverse ist tatsächlich unfähig, positive, gefühlvolle und harmonische Bindungen aufzubauen. Seine Angst und sein Schrecken vor dem anderen lassen ihn jeglicher Beziehung aus dem Weg gehen. Gleichzeitig braucht er einen sehr engen Kontakt, um seine »Dämonen« auf den anderen projizieren zu können. Der andere existiert für den narzisstischen Perversen nicht als Person mit ihren jeweiligen Eigenheiten, sondern dient ihm lediglich als Projektionsfläche. Aber, wie François Mauriac schrieb, »wirklich Perverse sind auf dieser Welt genauso rar wie Heilige«. Der wirklich narzisstisch Perverse läuft einem nicht alle naslang über den Weg, diese Abweichung ist sehr selten.

Wie kommt es also, dass dieser Begriff so inflationär gebraucht wird? Warum kommen jetzt so viele Paare mit der vorgefassten Meinung in die Therapie, dass jeder von ihnen das Opfer des Partners ist? Das Reden über »seelische Gewalt« als Umschreibung einer unguten Beziehungsdynamik bestätigt uns vielleicht in unserem Status als potenzielles Opfer. Wir alle hegen die Befürchtung, Opfer sein zu können – sei es Opfer unseres Arbeitsgebers, der Gesellschaft, der modernen Zeiten, der Politiker, Opfer eines Vaters, der zu abwesend ist, einer Mutter, die zu besitzergreifend oder deprimiert ist, aber vor allem Opfer eines Partners, der unfähig zu dem Verständnis und der Liebe ist, die wir uns von ihm wünschen.

Sobald unsere Erwartungen nicht erfüllt werden, nehmen wir bereitwillig die Opferrolle an. Diese Haltung vermitteln Paare gleich in der ersten Therapiesitzung. Die Frauen bringen vor, Opfer der Gleichgültigkeit ihrer Männer zu sein, während die Männer sich darüber beklagen, Opfer der Vereinnahmung und Besitzansprüche der Frauen zu sein. Dieser sehr verbreitete Gedanke, dass jeder das Opfer der Gleichgültigkeit seines Partners, seiner Gewalt oder seiner Unfähigkeit zu lieben ist, wird mittlerweile durch den herrschenden Diskurs gestützt, der mehr von Tätern und Opfern spricht als von Verantwortlichkeiten. Sollte das Zeitalter der Schuld abgelöst sein von dem Zeitalter des Opfers? Man denke nur daran, welche Konjunktur die auf Schadensersatz und Wiedergutmachung zielenden Prozesse haben!

Der Begriff der Verantwortung hat großes Gewicht in unserer Kultur. Nun geschieht es aber bei der übersteigerten Suche nach dem Verantwortlichen, dass die, die sich als Opfer darbieten, von jeglicher Verantwortung freigesprochen werden. Die ganze Arbeit der Psychotherapie besteht darin, das Individuum dahin zu bringen, sich so weit es möglich ist verantwortlich für seine Bindungen, seine Vergangenheit und sein weiteres Geschick zu sehen. Anders ist eine Arbeit an sich selbst nicht möglich. Sich als Opfer zu betrachten läuft darauf hinaus, zu resignieren und sich jeglichen Einfluss auf das eigene Leben abzusprechen.

Dieser soziokulturelle Diskurs beherrscht die Paarbeziehung und färbt auch auf die Familie als Ganzes ab, wie die folgende Geschichte zeigt, die eher ein Fall für eine Familientherapie ist als für eine Paartherapie.

Étienne wurde nach einem Selbstmordversuch in eine Klinik eingewiesen. Er ist kaum dreizehn Jahre alt. Die Eltern werden in die psychiatrische Sprechstunde geladen: ein Paar, das sich auffällig um Étienne bemüht, sehr von Sorge um ihn erfüllt ist, und vor allem in Konflikt steht wegen ihm, wobei jeder den anderen äußerst heftig beschuldigt, schuld zu sein an dem, was passiert ist. Es ist unmöglich, ein Gespräch mit ihnen zu führen, ohne dass es gleich in den ersten Minuten zu einem lauten wütenden Wortwechsel zwischen dem Vater und der Mutter kommt. Jeder findet, er selbst erfülle seine Elternrolle musterhaft, während der andere eine Gefahr, ein Gift sei für das Kind. Angesichts dieser Situation schlagen die Psychiater ihnen vor, mich für eine Familientherapie zu konsultieren und so zu versuchen, das Kind aus diesem gewaltsamen Ehekonflikt herauszunehmen.

Ich empfange die Familie zusammen mit einem Kollegen, wie wir es in der Familientherapie oft machen. Wir stellen fest, dass das Elternpaar relativ alt ist für ein Kind in Étiennes Alter. Françoise ist etwa zweiundfünfzig und Michel, ihr Mann, um die sechzig. Sie sind beide Trödelhändler und führen gemeinsam einen Laden. Ich bin verblüfft über die Sanftheit, die Françoise, wenn sie sich nicht gerade mit ihrem Mann streitet, an sich hat. Sie ist mütterlich und gefühlvoll und äußert sich nur positiv über ihr Kind. Sie versucht immer, Gründe zu finden, die das eine oder andere Fehlverhalten entschuldigen. Michel ist das genaue Gegenteil. Er wirkt verschlossen und gequält, wie ein Mensch, der permanent unzufrieden ist und eine schwelende Wut in sich trägt und immer eine Forderung auf den Lippen hat. Ihre Geschichte ist folgende: Michel war schon einmal verheiratet. Er hat zwei erwachsene Töchter, die ihrerseits verheiratet sind und Familie haben. Er ist Großvater von zwei Enkelkindern. Die Trennung von seiner ersten Frau verlief unter sehr schwierigen Bedingungen. Nach der Scheidung haben seine Töchter die Verbindung zu ihm praktisch abgebrochen und ihm die Schuld an all dem Übel gegeben, das geschehen war. Zu seinen Enkelkindern gibt es also keinen Kontakt, bis auf ein, zwei Besuche im Jahr, die immer sehr förmlich verlaufen. Auch Françoise war schon mal verheiratet und hat einen Sohn, der jetzt Mitte zwanzig ist, Hugo.

Es war bei dem Paar Liebe auf den ersten Blick. Als sie sich begegnen, ist Françoise knapp vierzig und Michel an die fünfzig. Sie beschließen sehr bald, aus Liebe zueinander ein Kind zu haben, und ziehen mit Hugo, der damals zwölf war, in eine gemeinsame Wohnung.

Bei aller Liebe zu Michel leidet Françoise unter seiner Haltung Hugo gegenüber. Sie findet, dass er ihm gegenüber sehr streng, einschüchternd und kritisch ist. Nie ist er mit seinen Ergebnissen in der Schule zufrieden. Françoise wird immer mehr zum Puffer zwischen ihrem Mann und ihrem Sohn.

Als Étienne geboren wird – sein erster Sohn –, ist Michel von einer hingebungsvollen Liebe zu ihm gepackt. Er verschmilzt mit ihm zu einer Einheit, die er mit Françoise nie haben konnte, weil Hugo da war. Françoise fühlt, dass er sich sehr von ihr entfernt. Es ist jetzt Étienne, der die Verbindung zwischen ihnen schafft.

Michel ist eine »väterliche Glucke«, der seinen Sohn vollkommen vereinnahmt. Er bringt ihn zur Schule und holt ihn ab, er behütet und beschützt ihn auf eine exzessive Art und Weise. Étienne liebt seine Eltern sehr, genauso wie seinen älteren Halbbruder, der für ihn zum Vorbild wird. Die beiden Jungs hängen innig aneinander. Michel kommt um vor Eifersucht. Die Vorwürfe, die er ihnen macht, bekommen nach und nach eine krankhafte Note.

Wenn Hugo Étienne auf seinen Schoß nimmt, geht Michel unsanft dazwischen und trennt sie mit den Worten, dass es »widerlich« sei: »zwei Jungs, die sich anfassen«. Er sagt zu Hugo, dass dieser seinen Sohn zum »Homo« mache, ihn pervertieren würde. Er beschuldigt seine Frau, die an dieser Nähe zwischen den Brüdern nichts Schlechtes sieht, und wirft ihr vor, nicht genügend auf Distanz zwischen ihren Söhnen zu achten. Er entwickelt immer mehr die Überzeugung, dass ein Komplott seine leidenschaftliche Bindung zu Étienne bedroht.

Die Liebe, die Michel seiner Frau gegenüber immer noch empfindet, äußert sich jetzt in verbaler Aggression und Vorwürfen. Françoise fühlt sich ihm in für sie selbst unerklärlicher Weise – er benimmt sich ihrem Sohn gegenüber absolut unerträglich – nach wie vor sehr verbunden. Es ist die gemeinsame Liebe zu ihrem Sohn, die sie fest miteinander verschweißt. Das Kind ist gewissermaßen zum »Patienten« des Paares »ernannt« worden und verkörpert dessen affektive Bindung. Der ganze Austausch zwischen Michel und Françoise geschieht über ihn. Beide betonen unaufhörlich, was sie für Étienne alles tun. Jeder hält dem anderen Versäumnisse vor – wann er ihn nicht genug beschützt, genug geliebt und sich nicht genug um ihn gekümmert hat. Mit achtzehn zieht Hugo von zu Hause aus. Sein Stiefvater hat ihm die Luft zum Leben abgeschnürt, so dass er das Weite sucht. Étienne nimmt es seinem Vater übel, dass er ihn von seinem großen Bruder getrennt hat. Eine neue Dynamik entfaltet sich jetzt im Trio. Étienne geht in Angriffsstellung zu seinem Vater und drückt seinerseits seine affektive Bindung durch Provokationen aus, als hätte er begriffen, dass Michel seine Liebe zu ihm nur über Vorwürfe und Unzufriedenheit empfinden kann. Unfähig zu einer affektiven Bindung, die auf Sicherheit und Ruhe gründet, verlegt sich Étienne wie sein Vater auf den Aufruhr aus Aggression und Ärger. Er macht immer mehr Dummheiten, lässt die Schule schleifen und schließt sich den dunkelsten Gestalten seiner Klasse an, was Michel außer sich geraten lässt. Der Kampf entlädt sich jetzt zwischen Vater und Sohn und nicht mehr zwischen den Eltern, so dass Françoise für ihren Sohn immer mehr zu einem sicheren Hafen wird, wo er Schutz vor dem Vater findet.

Die familiäre Situation pendelt sich auf diesen Modus ein. Was uns sehr auffällt, als sie zu uns kommen, ist die Art, wie Michel seinen Sohn Stück für Stück zerstört; es ist nahezu grotesk und geschieht natürlich unbewusst. Er kann nur Negatives über ihn sagen. Er sieht sich als denjenigen, der seinen Sohn vor allen Gefahren, denen er ausgesetzt ist, bewahren wird. Er wirft seiner Frau vor, zu nachgiebig zu sein, ihn zu sehr zu umhegen und zu bemuttern. Manchmal beschuldigt er sie sogar, seinen eigenen Sohn gegen ihn aufzubringen. Er denkt, er müsse unaufhörlich darum kämpfen, die Beziehung zu seinem Kind zu erhalten – und das ist weiß Gott eine schwierige Angelegenheit, ist es doch ein Kind, das nur Probleme hat! Françoise wirft ein: »Jetzt sehen Sie mal, wie das ist. Er spricht den ganzen Tag über nicht anderes als über seinen Sohn. Er wird das Kind in den Wahnsinn treiben. Ich muss jederzeit zur Stelle sein, um aufzupassen, was passiert, und meinem Sohn beizustehen.« So geht es hin und her, und das Kind wird zunehmend in ein gefährliches System verstrickt. Dies ist der Punkt, an dem Étienne den Selbstmordversuch unternimmt, indem er Beruhigungsmittel seiner Mutter schluckt.

In diesem Stadium könnte man von seelischer Gewalt sprechen. Folgt man dieser Logik, ist der Schluss klar: Françoise muss sich aus dem Gefängnis ihrer Beziehung zu Michel befreien, ihren Sohn an die Hand nehmen und ihren Mann verlassen.

Was wir jedoch vorgeschlagen haben, war, zu versuchen, aus dem kollektiven Leiden herauszukommen und zu sondieren, ob sie andere Bindungen untereinander aufbauen könnten. Die nächste Sitzung hat uns Recht gegeben.

Michel wollte immer einen Mantel des Schweigens über seine Vergangenheit gebreitet wissen. Wenn sein Sohn ihm Fragen stellt, antwortet er ausweichend. Er habe keine Lust, darüber zu sprechen, da gäbe es nichts Interessantes. Seine Frau hat bald gemerkt, dass er mit diesem Thema nichts zu tun haben will. In der betreffenden Sitzung versuchen wir vorsichtig, ihn dazu zu befragen und seinen Widerstand zu überwinden. So erfahren wir dann eine bestürzende Geschichte.

Michel entstammt einer polnischen jüdischen Familie. Bei Kriegsausbruch flohen seine Eltern mit seinem Bruder und ihm aus Polen und suchten Zuflucht in Frankreich. Unter nicht ganz geklärten Umständen vertrauten sie ihre beiden Söhne einer Familie auf dem Land an und gingen selbst nach Limoges. Michel war damals drei oder vier Jahre alt. Er war mit einem Schlag vollkommen von seinen Eltern abgeschnitten und hat drei Jahre lang nichts von ihnen gehört. Seine Gastfamilie französisierte seinen Geburtsnamen, alle Hinweise auf seine Herkunft musste er tilgen. Nach dem Krieg kamen seine Eltern zurück und holten ihre Söhne zu sich, sie wurden wieder eine Familie. Bei seinem Vater haben diese Ereignisse tiefe Wunden hinterlassen. Michel, der seine Eltern in dieser Zeit des Wartens idealisiert hatte, gelang es nicht, die Bindung, die abgeschnitten worden war, erneut zu knüpfen. In seiner biologischen Familie ist ihm eine Elternbindung, wie er sie in seiner Gastfamilie erlebt hatte, immer verwehrt geblieben. Man kann sich vorstellen, dass die vom Krieg vollkommen traumatisierten Eltern nicht in der Lage waren, eine Beziehung von Nähe und Vertrautheit zu ihren Kindern aufzubauen.

Wir fragen Michel: »Hatten Ihre Eltern keine Brüder oder Schwestern?« Er antwortet, dass seine Mutter elf Geschwister hatte und sein Vater zehn. Sie sind allesamt deportiert und im KZ ermordet worden. Wir wenden uns jetzt an Étienne und sagen ihm:

»Weißt du, es gibt etwas, das uns sehr beschäftigte und das wir nicht verstanden haben. Dein Vater ist hier in den Sitzungen und auch in der Familie sehr isoliert, er wirkt immer so, als wäre er ganz allein. Deine Mutter aber hat ihren Sohn, ihre Mutter, ihren Bruder und erzählt viel von ihnen. Man spürt, dass deine Mutter von einer sehr herzlichen Familie umgeben ist, während man bei deinem Vater spürt, dass er sehr allein ist. Weißt du eigentlich, dass hier in diesem Zimmer eine große Menge versammelt wäre, wenn all diese Menschen überlebt hätten? Stell dir mal vor, wie viele es zusammen wären. Die elf Brüder und Schwestern deiner Großmutter und die zehn Brüder und Schwestern deines Großvaters hätten geheiratet und Kinder gehabt, das heißt, du hättest mindestens zwei- bis dreihundert Cousins und Cousinen.«

Konnte dies die massive Vernichtung verbildlichen? All diese Menschen, die ausgelöscht worden waren … Der Vater begann zu schluchzen und brach völlig zusammen. Der Sohn hatte von nichts gewusst. Françoise kannte nur Bruchstücke dieser Geschichte, die wie so oft in solchen Fällen sorgsam im Verborgenen gehalten worden war. Étienne hätte sich bestimmt niemals vorstellen können, dass sein Vater diese Art von Gefühlen zeigen könnte. Es brachte das Bild, das er sich von seinem Vater gemacht hatte, zum Einsturz. Vom Peiniger ist Michel zum Opfer geworden.

Es geht hier nicht darum, ein Märchen zu erzählen und vorzugeben, dass Michel nach dieser Sitzung auf einen Schlag bedachter geworden ist. Es gibt keine Wunder, aber es half ihm unbestreitbar, einen kleinen Schritt nach vorne zu tun.

Étienne konnte von seinem Vater ein Stück weit ablassen, und Françoise zeigte sich nicht mehr als diejenige, die ihren Mann in diesem Maße systematisch anklagte.

Michel und Françoise konnten nicht ohne die wechselseitige Projektion auf das Kind existieren. Étienne verkörperte das Paar. Sein Rückzug aus der Beziehung der Eltern ermöglichte uns nun den direkten Zugang zu dieser Beziehung. Diese Fallgeschichte beleuchtet einen sehr wichtigen Aspekt in der Paartherapie. Der Therapeut übernimmt die Rolle des Sprachrohrs für das Paar und seine Dynamik. Sind Kinder da, nimmt oft eines von ihnen diese Rolle ein. Dank der Therapie kann das Kind diesen Platz freiräumen, so dass der Therapeut auch tatsächlich der Therapeut des Ehepaares werden kann.

Nachdem wir das Paar von Étienne losgelöst hatten, konnten wir uns nun mit den Erwartungen und Unzufriedenheiten des Paares befassen und dieser heiklen Situation von Peiniger und Opfer entkommen, in der wir zuvor festgesteckt waren. Sobald Michels Frustrationen Françoise betreffend zur Sprache kamen, zeichnete sich ab, dass auch sie Peiniger und Opfer war.

Was kann das Paar sich jetzt von der Therapie erhoffen? Beide werden sich damit konfrontiert sehen, ihre Bedürfnisse und Erwartungen neu zu definieren. Man kann davon ausgehen, dass Françoise aus der unbändigen Hoffnung heraus, ihm Heilung verschaffen zu können, bei Michel bleibt – wie es oft bei Paaren dieser Art vorkommt. Françoise hat sich als eine sehr mütterliche Frau erwiesen, sie steht ihrer kranken Mutter bei und hat sich um ihren ältesten Sohn immer allein gekümmert. Sie hat das Bedürfnis, Menschen zu helfen, sie zu unterstützen und zu pflegen, und muss dieses versteckte Leid bei Michel, das er nur als Gewalt auszudrücken vermochte, sehr stark gespürt haben. Die Tatsache, dass Michel leidet und sie braucht, tritt nun klarer zutage. Dies öffnet möglicherweise eine Tür, die für beide woanders hinführt. Anstatt in der Destruktion zu verharren, kann Michel vielleicht eine neue Haltung Françoise gegenüber finden und Bitten und Forderungen an sie stellen.

Der Selbstmordversuch von Étienne hat das Elternpaar in eine Krise gestürzt; bei Odile und Paul war es Pauls plötzliche Arbeitslosigkeit, durch die ein krisenhafter Prozess in Gang kam, der zu einer Neugestaltung der Beziehung führte. Und für Marc und Adèle waren es die sich häufenden Krisen, die eine Umwandlung der zu starken Kollusion der Partner bewirkten und die Geister ihrer Eltern aus ihrem Ehebett verjagen konnten. Oft bieten Krisen die Gelegenheit, dass man sich bestimmter Dinge überhaupt erst bewusst wird. Das Leiden signalisiert eine Blockade, die den harmonischen Fluss des Lebens hemmt. Ein krisenhafter Zustand birgt immer auch ein Chance, von dem alten Gleichgewicht, das in der jüngeren oder älteren Vergangenheit einmal austariert worden war, zu einem neuen Gleichgewicht zu finden. Dies ist das genaue Gegenteil zu einem pathologischen Zustand: Eine Krise entsteht, um eine Katastrophe noch abzuwenden; sie stellt eine spezielle Zeit dar, die es – wenn alles gut läuft – den Partnern erlaubt, neue Sichtweisen zu entwickeln: von ihrer Beziehung, dem Partner und auch von sich selbst.

Die gemeinsame Entwicklung und Paarwerdung

Damit das Paar sich eine eigene Identität erschafft, bildet es um sich herum eine Art Membran, die zwar unsichtbar, aber dennoch genau zu verorten ist und unter der sich ein »Wir« zeigt, das seine eigenen Regeln aufstellt. Dieses »Wir« hätte es am liebsten, wenn die Zeitrechnung mit dem Leben zu zweit neu begänne, wenn die Spuren der individuellen Geschichte und die Traumata der Vergangenheit ausgelöscht würden und Platz freigäben für neue Mythen und neue gemeinsame Rituale. Als hätte es einen Zauberstab zur Hand, will das Paar das Vergangene ausradieren, um seine Lebensregeln aufzustellen und den Boden zu bereiten für das Erzählen der eigenen Geschichte. Die Vergangenheit ist aber nicht weit entfernt, sie holt uns immer ein …

Gemeinsam etwas zu erschaffen heißt in erster Linie, dass man das Erbe vorhergegangener Generationen integriert und manchmal sogar die eine oder andere Schuld zu begleichen hat. Das Paar muss also den Raum schaffen für andere, ohne sich von ihnen vereinnahmen zu lassen, und es darf nicht in die Falle geraten, den anderen als Sündenbock zu betrachten für das, was einem nicht gelingt.

Die Mythen der Paarwerdung

In einer Familie gibt es vier Arten von Bindungen: die Abstammungslinien (zwischen Eltern und Kindern), die Geschwisterlinien, die Verwandtschaften zweiten Grades (zwischen den Kindern von Geschwistern, den Cousins und Cousinen) und die angeheirateten Bindungen. Letztere ist die einzige nicht biologisch begründete Bindung und die zerbrechlichste unter ihnen. Und auf genau dieser ruht nun das ganze Gebäude der anderen Bindungen – und damit auf der Vergangenheit, dem kulturellen Hintergrund, den Phantomgestalten, den Vorfahren und den familiären Mythen jedes der beiden Partner. Damit eine Gruppe existieren kann, muss sie ein ausreichendes Fundament für diese Pyramide haben.

Der Mythos ist eine Gründungsgeschichte, deren Ursprünge in Vergessenheit geraten sind und in der die Bedeutung von gut und schlecht und von richtig und falsch festgelegt ist, die von Generation zu Generation weitergegeben wird. Um gemeinsam zu leben und etwas aufzubauen, müssen die Ehepartner sich ihren Mythos erschaffen und eine bestimmte Anzahl an Glaubenssätzen und Überzeugungen bündeln, die alle Mitglieder der künftigen Familie teilen werden und die von außen nicht ins Wanken gebracht werden können. »Die Familie Durand ist immer mutig gewesen«, »In der Familie Dupond engagiert man sich in der Politik«, »Unsere Familie hat eine künstlerische Ader«, »In unserer Familie wird gut gekocht«. Die Familie der Kennedys muss eine Ausnahmegruppe gewesen sein. Die hochgehaltenen Werte begründen einen gewissen Stolz auf die Zugehörigkeit zur Familie, wobei der Preis, der dafür zu zahlen ist, sehr hoch sein kann, wie das Schicksal sämtlicher Mitglieder der Kennedys zeigt. Oft vergisst man, wenn man sich in der beschriebenen Weise auf die Familienwerte beruft, dass diese auf zwei verschiedene Mythen gegründet sind: auf die der jeweiligen Eltern des Paares, die ihrerseits einer Kreuzung aus zwei Familien, zwei unterschiedlichen familiären Kulturen und Ursprüngen entstammen. Mit der Aussage »die Dubois haben eine künstlerische Ader« verschmilzt man die zwei Herkunftslinien zu einer Einheit.

Um sich seinen eigenen Mythos zu schaffen, taucht das Paar in die Geschichte und die Mythen ihrer beiden Herkunftsfamilien ein. Es muss Unterschiede der Familienkulturen integrieren, die sich in so alltäglichen Verhaltensweisen äußern wie in der Art und Weise, seinen Kaffee zu trinken. Das sehr prosaische Teilen des alltäglichen Lebens fördert Überraschendes zutage, das bei beiden Partnern an tiefe Schichten rührt. Junge Paare werden zuweilen von Konflikten überrascht, die sich anlässlich erster Abendessen mit Gästen ergeben, weil es ihnen nicht bewusst ist, dass hier die Mythen ins Spiel kommen. Wenn es in der Familie von Marine üblich war, die Speisen auf den gedeckten Tisch aufzutragen, während man bei François die Speisen portionsweise auf den Tellern anrichtete und servierte, kann dies heftige Streitereien auslösen, die weit über Bewirtungs- und Stilfragen hinausreichen. Jedes Paar wird sich an diese Art von Miniaturkulturschocks erinnern. In manchen Familien wirft man kein Brot weg. Frisches Weißbrot wird zwar gekauft, damit genug da ist, aber zuerst wird das vom Vortag aufgegessen. In anderen Familien isst man seit jeher lieber frisches Brot und wirft trocken gewordene Reste ohne weiteres weg. Bei dieser so harmlosen Sache mit dem Brot prallen zwei Familienmythen aufeinander. Die mythische Dimension bei allem, was das Essen betrifft, hat für die familiäre Identität großes Gewicht und ist von einer Familie zur nächsten so unterschiedlich, dass die Paarkämpfe sich oft genau um diese Dinge drehen. Dies entzieht sich uns jedoch und verselbstständigt sich in einem Ausmaß, dass jede Möglichkeit, hierüber zu verhandeln, verstellt ist. Diese mythische Aufladung hat man in vielen Bereichen des Alltäglichen, und sie führt zu Konflikten, die nie wirklich harmlos sind, weil sie an die Grundfeste unserer Identität rühren.

Die familiären Mythen überlappen sich mit den sozialen und kulturellen Mythen unserer Gesellschaft. Die großen Schöpfungsmythen erzählen von der Erschaffung der Welt und des Menschen und seiner Abstammung. In der einen oder anderen Kultur klären uns die Mythen über den Ursprung der Ungleichheit auf, über den Tod, über Krankheiten, über die Unterschiede zwischen Mann und Frau … und natürlich über das Wesen der Liebe.

Bei Antoine und Léa tritt diese mythische Dimension schon in ihren Flitterwochen offen zutage.[18] Léa sitzt gemütlich an der Strandbar ihres Hotels und wartet auf Antoine. An der Bar kommt sie schnell ins Gespräch mit einem Pärchen, und schon nach wenigen Minuten herrscht große Einmütigkeit und man sieht sie herzlich miteinander lachen. Als Antoine hinzukommt, stellt Léa ihm voller Stolz ihre neuen Freunde vor, mit denen sie schon verabredet hat, am nächsten Abend gemeinsam zu essen. Sie erstarrt, als Antoine daraufhin nur das Gesicht verzieht und dem Pärchen ostentativ den Rücken zudreht, was sie in eine mehr als peinliche Situation bringt. Als sie wieder alleine sind, kommt es zu einem heftigen Streit, dem ersten in ihrer noch ganz jungen Ehe, bei dem sie sich gegenseitig vorwerfen, keinen Respekt zu haben und den anderen nicht zu verstehen. Erst später ist ihnen aufgegangen, dass jeder die Situation anders interpretiert hatte. Für Léa boten die Flitterwochen die Möglichkeit, ihre neue soziale Rolle als »Ehefrau von Antoine« auszukosten, auf die sie ausgesprochen stolz war. Sie hat sich dem Pärchen an der Bar als frisch verheiratet vorgestellt. Für Antoine war größte Zweisamkeit ein Muss in den Flitterwochen, abgeschirmt vom Rest der Welt. Er hatte das Gefühl, dass er seiner Partnerin, um wunschlos glücklich zu sein, nicht genügte. Beide sind jedoch fraglos davon ausgegangen, dass Flitterwochen, die von starken Mythen umwoben sind, für jeden von ihnen die gleiche Bedeutung hätten. Hinter dem Konsens des kollektiven Mythos stimmten aber die individuellen Mythen nicht überein.

Um sich als Teil eines Paares zu fühlen, muss man gemeinsam und mit Geschick an einem ehelichen Mythos stricken. Ob eine Gruppe funktioniert, hängt von der Möglichkeit ab, die für sie geltenden Regeln immer wieder auf den Prüfstand zu stellen. Andernfalls wäre es eine Sekte! Es ist genau diese Flexibilität, die den Unterschied zwischen einer Gruppe und einer Sekte ausmacht. Wenn das Regelwerk so rigide und einengend wird, dass der Bestand der Gruppe nur noch den Sinn hat, es zu befolgen, ohne es wirklich zu begreifen, dann befindet man sich in einem geschlossenen sektiererischen System.

Welche Dinge sind es, aus denen der eheliche Mythos gesponnen wird? Was nährt ihn und lässt ihn gedeihen? Oft beginnt es mit der ersten Begegnung. Was dem Rest der Sterblichen absolut unbedeutend erscheinen mag, nimmt für das Paar eine mythische Dimension an. Überall sieht man Winke des Schicksals, und Umstände, die genauso gut auch ganz anders hätten sein können, erhalten etwas Magisches. Es bestärkt uns in dieser Idee, dass man ihnen unmöglich entkommen konnte, dass die Begegnung gewissermaßen in den Sternen stand. Je komplizierter die ersten Momente sind, desto stärker wird der Mythos sein. Die Literatur hat reichlich aus dem mythischen Potenzial von Widrigkeiten geschöpft. Wenn die ganze Welt sich gegen die Begegnung verschworen hat, kann das Paar sich über diesen Kampf, den es auszufechten hat und schließlich gewinnt, erst recht konstituieren. Da die meisten heutigen Paare nicht Romeo und Julia sind, erfinden sie Zeichen und Geschichten, selbst wenn sie sich über Partneragenturen oder Bekanntschaftsanzeigen gefunden haben. In solchen Fällen trifft man tatsächlich mehrere mögliche Partner, bis es eines Tages doch eindeutig klar ist: Das ist derjenige, welcher, oder: das ist genau die, nach der ich gesucht habe.

Die Umstände, unter denen Isabelle und Gilles sich kennen lernen, sind amüsant, obwohl es für Isabelle einen traurigen Hintergrund gibt. Nach dem Tod ihres Vaters muss sie einige Möbel verkaufen, darunter seinen Schreibtisch, was ihr vom Symbolgehalt her schwer fällt. Sie durchlebt eine schwierige

Zeit der Trauer mit schlaflosen Nächten und emotional aufwühlenden Momenten. Eine ihrer Freundinnen, Michèle, erzählt ihr von einem Bekannten, der gerade auf der Suche nach einem Schreibtisch ist. Einige Tage später wird jener besagte Bekannte, Gilles, morgens um halb sechs von dem Anruf einer gewissen Isabelle geweckt, die erregt in den Hörer brüllt: »Also, wollen Sie diesen Schreibtisch jetzt oder nicht? Wenn ja, holen Sie ihn ab, ich muss ihn loswerden!« Im Halbschlaf verzichtet Gilles auf das Angebot und legt sich wieder schlafen. Er denkt sich noch: »Hauptsache, ich muss diesem Drachen nie begegnen!« Ein paar Wochen später ist Gilles bei Michèle zu einem Abendessen eingeladen. Auch Isabelle ist eingeladen, denn Michèle hat sich gedacht, dass die beiden gut zusammenpassen würden. Sie sagt ihnen davon jedoch nichts. So kommt Gilles an diesem Abend zu einer Tischnachbarin, die er hinreißend findet. Er verliebt sich sofort. Als er erfährt, dass dieses Mädchen die Furie ist, die ihn kürzlich frühmorgens aus dem Schlaf gerissen hat, fällt er aus allen Wolken – das passt überhaupt nicht zu dem jetzigen Auftreten von Isabelle, die ihre Trauer inzwischen gut verarbeitet hat. Auch bei Isabelle hat es gefunkt, und bald sind sie ein Paar. Zwei Monate später hat Isabelle eine schlimme Blutung und wird vom Notarzt in die Klinik gebracht. Dort stellt man fest, dass sie eine Fehlgeburt erlitten hat. Sie wusste nicht, dass sie schwanger war von Gilles. Ihr Zustand ist sehr kritisch, aber die Ärzte bringen sie durch. Durch diesen Vorfall wird ihnen bewusst, wie sehr sie aneinander hängen und dass sie sogar schon den Wunsch nach einem Kind verspüren, obwohl sie erst kurze Zeit zusammen sind. Sie sind beide dreißig und haben zahlreiche Affären und Abenteuer hinter sich. Sie werden sich darüber klar, dass sie sich zu einem Zeitpunkt getroffen haben, wo sich beide unausgesprochen etwas anderes als eine weitere kurze Affäre wünschten – und auch ein Kind. Sie reden darüber, dass sie, sofern sie von der

Schwangerschaft gewusst hätten und alles gut verlaufen wäre, das Kind wahrscheinlich hätten haben wollen. Dieses Erlebnis schafft eine sehr starke Bindung zwischen ihnen.

Isabelles und Gilles' Mythos der Paarwerdung hat sich auf mehreren Ebenen vollzogen, bis hin zum unbewussten Antrieb zur Fortpflanzung. Dies zeigt sich schon beim ersten Kontakt zwischen ihnen: Der Anruf von Isabelle erscheint im Licht der Dinge, die dann geschehen, tatsächlich komisch! Denn für Isabelle handelte es sich um nichts Geringeres, als den Schreibtisch ihres Vater unmittelbar nach dessen Tod an die Person weiterzugeben, die in der Folge Vater ihres Kindes werden sollte, das jedoch vor seiner Geburt starb. Die Wucht dieser mythischen Dimension hätte sie auch auseinander bringen können. In ihrer Begegnung offenbart sich so gesehen ein tieferer Sinn, der für sie zu einem Schöpfungsmythos wird.

Manchmal vertragen sich die Mythen der Familien nicht miteinander, was zu schwierigen Situationen führen kann. Dies zeigte sich exemplarisch in einer Therapiesitzung mit Diane und José, von denen wir schon erzählt haben (s. S. 33ff.).

Diane ist vollkommen aufgelöst. José und sie haben sich so heftig gestritten, dass ihm folgender Satz entfährt: »Ich frage mich, was wir überhaupt miteinander zu tun haben und ob unsere Beziehung das alles wert sein soll.« Zur Erinnerung: Diane ist halb Afrikanerin, José lebt in Spanien, und sie beabsichtigen, zusammenzuziehen und eine Familie zu gründen. Was ist passiert, dass dieses Vorhaben jetzt von José infrage gestellt wird? Diane hat lediglich an einer Demonstration zur Unterstützung der Palästinenser teilgenommen, als sich der Konflikt im Nahen Osten dramatisch zugespitzt hatte. Sie hat nichts Fanatisches oder gar Militantes an sich, aber ihre Herkunft lässt sie auf der Seite der bedrängten Palästinenser stehen. José ist nicht wirklich bewusst, dass Diane zwischen zwei Kulturen steht. Er ist nicht nur irritiert, sondern tatsächlich vollkommen außer sich, als er erfährt, dass sie bei dieser Demo mitmarschiert ist. Ohne Jude oder zionistisch zu sein, verurteilt er den antisemitischen Charakter der Demonstration aufs Schärfste, die zudem zu einem Zeitpunkt stattfindet, wo in Frankreich Synagogen in Brand gesetzt werden und ein Anstieg antisemitischer Aggressionen zu beobachten ist. Er will sein Leben nicht mit jemandem teilen, der so etwas verteidigt.

Im Allgemeinen werden Paare durch Meinungsverschiedenheiten bereichert. Dies ist hier offensichtlich nicht der Fall! Diane ist bestürzt über Josés Reaktion. Sie akzeptiert, dass er nicht einer Meinung mit ihr ist und ihre Einstellung kritisiert. Sie ist bereit, darüber zu diskutieren, versteht aber überhaupt nicht, warum ihre Liebe gefährdet sein sollte.

Da ihre private Beziehung von diesem Problem so stark betroffen ist, will ich sie zum Nachdenken anregen. Politisches Engagement muss ein großes Gewicht in ihren Familiengeschichten haben. Und so ist es. Ich erfahre, dass Josés Großvater in Spanien ein sehr bedeutender Widerstandskämpfer gegen das Franco-Regime gewesen ist. Er starb als Held im Kampf gegen den Faschismus, und seine Familie bewahrt ein charismatisches Bild von ihm.

Für José ist es folglich so, dass man für seine politischen Überzeugungen bis zum Äußersten geht, was einschließt, sein Leben zu riskieren. Die Werte des politischen Engagements als Bürger haben Priorität vor den Familienwerten.

In der Familie von Diane ist es umgekehrt. Ihr Vater war Diplomat. Politik war sein Beruf, nicht seine Überzeugung. Er hat das berufliche Leben und das Familienleben immer strikt getrennt; seine politischen Anschauungen hat er seinen Kindern nicht dargelegt. In Dianes Familie zählten das Zuhause, die Geborgenheit, die Liebe und das Familienleben mehr als alles andere. Mehr als die Politik.

Der ideologische Konflikt, der zu dem Zerwürfnis zwischen Diane und José geführt hat, ist ein Konflikt der Werte zweier vollkommen entgegengesetzter Familien. Um sich dieses Wertekonflikts überhaupt bewusst zu werden, war ein politisches Ereignis wie die Zuspitzung des israelisch-palästinensischen Verhältnisses notwendig. Ausgehend von ihrem Streit stellten José und Diane die Zukunft ihrer Beziehung in Frage. Wie soll man ein gemeinsames Leben führen, wenn die Weltanschauungen so radikal unterschiedlich sind? Diese Sitzung hatte deswegen eine so besondere Bedeutung, weil hier die Mythen zur Sprache kamen und entschlüsselt werden konnten. Das Paar steht jetzt vor der Aufgabe, sie sich genau anzusehen, sie zu integrieren und sich dann einen eigenen Mythos zu schaffen.

Wenn der Familienmythos pathologisch ist

Ähnlich Träumen oder Phantasien hat auch der Mythos sowohl einen manifesten Inhalt, der auf die Familiengeschichten, deren Werte und Kultur zurückgreift, als auch einen verborgenen, unbewussten Gehalt, den kein Mitglied der betreffenden Familie konkret beschreiben könnte. Es gibt Mythen, die vergleichbar dem kollektiven Unbewussten eine Rollen- und Aufgabenzuschreibung an einzelne Familienmitglieder vornehmen können, die unverträglich ist mit deren Persönlichkeit und Entwicklung.

In diesem Zusammenhang muss ich an eine Mutter denken, die mich vor Jahren einmal konsultiert hatte. Begleitet von ihrem dreißigjährigen Sohn, erklärte sie mit Nachdruck, wobei sie ihren großen Sohn mit einem schmachtenden Blick bedachte: »Bei uns in der Bretagne gibt es in allen Familien einen Sohn, der nicht heiratet und bei seiner Mutter bleibt, bis zum Ende ihrer Tage …« Wie im Ödipus-Mythos birgt die unbewusste Dimension von Familienmythen in den meisten Fällen einen inzestuösen Gehalt, der zu einer individuellen Problematik beiträgt und sich in einer festen Beziehung oder Ehe unvermeidlich niederschlägt.

Louis und Brigitte, beide Mitte dreißig, leben seit über zehn Jahren zusammen. Sie verstehen sich sehr gut, machen vieles gemeinsam und haben die gleichen Interessensschwerpunkte, aber ihr Kinderwunsch hatte sich bisher nicht erfüllt. Nach und nach bröckelt das so idyllische Bild, das sie selbst von sich entwerfen. Brigitte und Louis schlafen nicht sehr oft miteinander. Ihre Beziehung ist mehr geschwisterlich als eine Mann-Frau-Beziehung. Sie haben sich zu einer künstlichen Befruchtung entschlossen, wobei Brigitte vielleicht auf natürliche Weise schwanger werden würde, wenn sie nur öfter miteinander schliefen.

Brigitte kommt aus einer Familie mit inzestuöser Tönung. Sie war für ihren Vater, einen Künstler, der sich der Aktmalerei widmete, liebste Inspirationsquelle und bevorzugtes Modell in einem, und er wurde nicht müde, sie mit seiner Bewunderung und Anbetung zu überschütten. Brigittes Mutter ist sehr zerbrechlich, depressiv und verhält sich ihrer Tochter gegenüber sehr vereinnahmend. Ohne Zweifel ist sie eifersüchtig. Zusammengenommen erzeugt dies ein unterschwellig aggressives Familienklima. Brigittes älterer Bruder Arnaud gibt ihr Halt und Sicherheit, er ist der Einzige, zu dem sie eine stabile, verlässliche Bindung hat. Sie gesteht, dass sie seit ihrer Jugend praktisch jede Nacht träumt, mit ihrem Vater oder mit ihrer Mutter oder auch mit beiden zu schlafen. Ihr Bruder dagegen kommt in diesen wiederkehrenden Träumen nie vor. Sie enthüllen eine mythische Dimension, die besagt, dass sexuelle Beziehungen nur zwischen Eltern und Kindern stattfinden können. Brigittes Vater hatte im Übrigen selbst eine sehr enge Beziehung zu seiner Mutter, die so weit ging, dass er sie bis zu ihrem Tod mit unter seinem Dach wohnen ließ. Ohne Zweifel hat auch das zu der psychischen Labilität von Brigittes Mutter beigetragen, die ihre Schwiegermutter gehasst hat. So hat sich von Generation zu Generation etwas weitergegeben, was niemals ausgesprochen wurde, denn faktisch fand es in der Realität nicht statt, bestimmte aber in großem Ausmaß die Phantasie.

Liegen u. a. hier die Gründe, warum Brigitte noch keine Kinder hat? Eins ist jedenfalls offensichtlich: Brigitte kann sich eine vertraute Beziehung nur zwischen Bruder und Schwester vorstellen. In den meisten Familien durchlaufen Brüder und Schwestern die Lernphase des Umgangs mit Konflikten wie auch mit ihrer Sexualität gemeinsam, ohne dass in Doktorspielen oder anderen sexuell gefärbten Spielen der Akt tatsächlich vollzogen würde. Oft gehen die Liebesbeziehungen von Erwachsenen auf diese affektive, von Rivalität, Aggression und Eifersucht bestimmte Bindung zurück. Die ödipale Beziehung, d. h. die sexualisierten Gefühle unseren Eltern gegenüber, bleibt hingegen in den meisten Fällen im Unterbewusstsein und kann sich in sehr verschlüsselten Träumen offenbaren; so unverhüllt wie bei Brigitte sind sie sehr selten. Bei ihr fand eine Umkehrung statt: Es ist die inzestuöse Beziehung zu ihrem Bruder, die mit einem Verbot belegt ist, obwohl sie ihn unendlich bewundert und findet, dass er der schönste Mann der Welt ist. Sie ist sich dieser Dinge so wenig bewusst, dass sie ganz verwundert erzählt, dass ihre Schwägerin seit jeher eifersüchtig auf sie sei, wie all die anderen Frauen, mit denen er vor seiner Heirat zusammen war – warum, versteht sie nicht.

Louis wiederum hat im Alter von acht Jahren unter tragischen Umständen seine Mutter verloren und wurde von seiner über zehn Jahre älteren Schwester aufgezogen. In Louis' Familie gibt es also zwischen Bruder und Schwester ebenso eine – wenn auch nicht so »überdrehte« – inzestuöse Ebene. Dass eine geschwisterliche Beziehung Zugkraft für ihn hat, ist nur zu offensichtlich, ebenso wie sein Unvermögen, deren sexuellen Aspekt zu sehen. Eine Schwester ist eine Mutter. Wenn Louis eine weniger in ihre eigenen Mythen verstrickte Partnerin hätte, wäre das Sexualleben des Paares vermutlich anders. Doch wie wir schon gesehen haben, ist die Wahl des Partners oder der Partnerin kein Zufall. Louis ist Brigitte begegnet, die ihre Liebesgeschichte unter ein geschwisterliches Vorzeichen gestellt hat, was bei ihm angesichts der Beziehung zu seiner älteren Schwester auf Resonanz gestoßen ist. So haben die zwei Familienmythen wie ein Zahnrad ineinander gegriffen und eine Situation geschaffen, die die Sexualität ausschließt.

Wir versuchen diese Mythen im Laufe der ersten Therapiesitzungen aufzudecken. Dann kommt der Tag, an dem Brigitte und Louis kurz vor der Trennung stehen. Brigitte gesteht Louis, dass sie praktisch seit ihrer Heirat einen sehr viel älteren Liebhaber hat. Dieser Mann ist wie ihr Vater ein bekannter Künstler. Mit ihm kann sie sich einer sehr erfüllten Sexualität hingeben. Sie gesteht Louis auch, dass sie am Vorabend jeder angesetzten künstlichen Befruchtung mit ihm schläft und sich insgeheim vorstellt, schwanger zu werden und nicht zu wissen, welcher der beiden Männer der Vater ist.

Louis hat diese Geständnisse erstaunlich gefasst aufgenommen. Er liebt Brigitte sehr und sieht sie schon fast wie ihr Vater als eine Art Ikone an, der man nur Achtung und Bewunderung zollen kann.

Nach dieser Sitzung verändern sich Brigittes Träume. Sie träumt, mit ihrem Vater im Beisein ihres Bruders zu schlafen, der die Szene beobachtet, ohne sich zu rühren. In ihrem imaginären Leben sind Louis und ihr Bruder miteinander verschmolzen. Louis und Brigitte sind auf einen Mythos festgelegt, dem sie wie einem Schicksal nicht entkommen können. Jeder ist in seiner Rolle gefangen, die sich dem Willen entzieht und einer fatalen Zwangsläufigkeit folgt. Je mehr Anteile von Gewalt, Inzest oder Geheimnis ein Mythos enthält, desto stärker aktualisiert er sich. Ohne sich dessen bewusst zu sein, macht Brigitte Louis zu ihrem Mitspieler. Auch er ist sich dessen nicht bewusst. Sie haben sich jedoch beide mit ihren jeweiligen Mythen »auserwählt«, die so zusammenpassen, dass sie zu ihrem Ehemythos werden.

Das Paar und seine Regeln

Die Mythen stricken unbemerkt an den Regeln des Zusammenlebens mit. Nach und nach etablieren sie sich in der Beziehung und regieren schließlich über das Zusammenleben des Paares.[19] Die expliziten, gemeinsam aufgestellten Regeln ergeben sich aus dem schon weiter oben erläuterten ausdrücklichen Paarvertrag und entsprechen, wie wir im Folgenden sehen werden, in starkem Maße den geltenden sozialen Normen. Die impliziten Regeln sind nie formuliert worden, sondern haben sich aus dem Pakt und der Kollusion, dem Zusammenspiel des Paares, wie von selbst ergeben. Darunter fallen die Regeln der Interaktion, die dem Paar selber nicht auffallen und sogar verneint würden, wenn ein Außenstehender, dem sie ins Auge springen, sie darauf aufmerksam machte. Versuchen Sie beispielsweise einmal einem Mann zu sagen, dass er jedes Mal, wenn er eine Meinung vertritt, den Blick seiner Frau sucht, um sich ihrer Zustimmung zu vergewissern. Jedem in seiner Umgebung fällt dieses Verhalten auf. Aber nicht nur, dass er selbst es nicht bemerkt – er streitet es vehement ab!

Wenn man bedenkt, dass ein solches Regelwerk existiert, ergeben sich natürlich einige Fragen: Wer stellt die Regeln auf? Wer spricht sie aus? Wer wendet sie an? Wer sorgt dafür, dass sie eingehalten werden? Wir befinden uns hier auf dem

Terrain der »Meta-Regeln«, d.h. derjenigen Regeln, die für das eigentliche Funktionieren der expliziten Regeln sorgen. Gleichwohl sich diese Meta-Regeln der bewussten Kontrolle des Paares entziehen, sind sie es, die die Beziehungsdynamik steuern.

In einer ihrer Therapiestunden erzählt ein Paar die folgende Geschichte.[20] Der Ehemann erhält eines Tages den Anruf eines Freundes, der sich aus beruflichen Gründen in ihrer Stadt aufhält. Er lädt diesen Freund spontan ein, noch am selben Abend zu ihnen zum Essen zu kommen, und ist sich sicher, dass seine Frau genauso gehandelt hätte und sich über die Überraschung sehr freuen wird. Als seine Frau nach Hause kommt, gibt es jedoch einen furchtbaren Streit über diese Einladung, wobei Arbeitsüberlastung, Erschöpfung usw. ins Feld geführt werden. Ziemlich irritiert stellen die beiden fest, dass sie vollkommen einer Meinung sind, was die Einladung an sich betrifft, und dass beide sich gleichermaßen darüber freuen würden, diesen Freund wieder zu sehen. Dies öffnet ihnen wohl oder übel die Augen dafür, dass der Streit nicht die Sache betraf, sondern dass es hier um die Existenz einer Meta-Regel ging, nach dem Motto: »Wer darf eine Einladung an Dritte aussprechen, ohne den anderen vorher zu fragen?«

Von Pierre und Anne, die sich bestens verstehen, aber nie miteinander schlafen, haben wir schon berichtet (s. S. 65ff.). Sie haben mich konsultiert, weil Anne sich jetzt, mit neunundfünfzig, Gedanken darüber macht, wobei es weder sie noch ihn jemals wirklich gestört hatte. Wir konnten erkennen, dass sie auf der Basis dieser nicht stattfindenden Sexualität ein Paar geworden sind. Diese Regel ist als Teil ihres unbewussten Paktes nie ausgesprochen worden. Um sie zu befolgen, haben sie ein ganzes Maßnahmenpaket installiert. Anne geht jeden Abend ziemlich früh ins Bett und arbeitet dort noch. Um sich herum breitet sie einen Haufen Bücher,

Zeitschriften und Lexika aus. Pierre setzt sich vor den Fernseher und schaltet von einem Kanal zum nächsten, während er es geduldig später und später werden lässt, obwohl er eigentlich sehr müde ist und schlafen gehen möchte. Wenn er sicher sein kann, dass Anne eingeschlafen ist, geht er ins Schlafzimmer und räumt die über das Bett verstreuten Bücher und Zeitschriften sorgfältig zusammen. Jetzt ist sein Platz wieder frei, und er kann sich hinlegen. Mit solchen Ritualen organisieren sie ihr Zusammenleben unter der Maßgabe, dass Pierre Schwierigkeiten hat einzuschlafen und dass er sich gerne »einlullen lässt« vom Fernsehen. Um dieses Thema geht es bei ihnen oft. Pierre: »Fernsehen ist idiotisch. Ich hasse das, aber abends entspannt es mich.« So gibt sich das Paar grünes Licht für konkrete Streitereien, die nicht an ihren Pakt rühren. Anne erwidert ihm: »Du dämmerst doch nur weg vor dem Fernseher, mach es doch lieber wie ich und beschäftige dich abends mit etwas Sinnvollem, anstatt dir diesen ganzen Schwachsinn anzusehen.« Pierre sagt: »Es ist entsetzlich, sie belagert das ganze Bett mit ihren Büchern und Zeitschriften. Für mich bleibt nicht der kleinste Platz zum Schlafen.« Sie können um diese Sache in aller Ruhe streiten, ohne dabei das eigentliche Problem zu berühren. Wenn man sie jedoch ein wenig eindringlicher über ihre Gefühle befragt, die sie in solchen Momenten haben, merkt man, dass die Dinge nicht so einfach sind, wie sie scheinen. In Wahrheit wartet Anne auf Pierre. Sie hofft jeden Abend darauf, dass er zu ihr ins Bett kommt, bevor sie einschläft, weil sie mit ihm schlafen möchte. Pierre wiederum verspürt allabendlich Angst und zugleich Lust, zu ihr zu gehen. Was mich bei diesem Paar besonders berührt, ist, dass dieser Zustand schon fünfundzwanzig Jahre lang andauert. Seit fünfundzwanzig Jahren leben beide mit einem Gefühl der Frustration, für das jeweils der andere verantwortlich gemacht wird, das jedoch paradoxerweise gleichzeitig auch der Garant für die Stabilität ihrer Beziehung ist. Sie stehen alle beide unter dem Diktat einer Meta-Regel, die ihrem ehelichen Pakt entspringt, der wiederum aus ihrem persönlichen Werdegang resultiert. Überall sind Blockaden eingebaut, damit sich ihr Ritual auf ewig fortsetzen kann. Meta-Regeln werden aus diesem Grund als auferlegte Zwänge erlebt, sie schützen die Partner aber auf der anderen Seite vor ihren tiefer sitzenden Schrecknissen und Ängsten.

Konkret benannte Streitpunkte eines Paares erweisen sich folglich sehr oft als Vorwand für anderes. In der Therapie mit Paaren bewegen wir uns von einem Vorwand zum nächsten, um schließlich zu den wirklich grundlegenden Bedürfnissen zu kommen, die mit sehr viel intensiveren Emotionen einhergehen.

Das Paar manövriert zwischen zwei Klippen, zwischen der Angst vor Nähe und der Angst vor Rückzug. Zwei Ängste, das bedeutet zwei sich widersprechende Regungen: das Bedürfnis nach mehr Intimität, wobei dem Partner zugeschrieben wird, diese zu verweigern, und das Bedürfnis nach mehr Autonomie, und auch hier wird der andere verantwortlich dafür gemacht, dass es unmöglich ist, auch nur im Geringsten auf Abstand zu gehen.

Rituale oder Der automatisch ablaufende Paartanz

Der Mythos und seine Glaubenssätze schlagen sich im täglichen Leben als Rituale nieder. Wenn ein Anthropologe am Leben eines unerforschten Stammes teilnimmt, um dessen Sitten und Gebräuche zu verstehen, beobachtet er seine Art zu essen, seine Hochzeitsfeste, die Übergangsriten, die Art, wie Frauen ihre Kinder gebären. Er setzt den Mythos des Stammes aus all den Gesten und Handlungen des täglichen Lebens zusammen. Die Arbeit eines Familien- und Paartherapeuten funktioniert ähnlich. Wir erhalten Zugang zu der Beziehungsdynamik; wir beobachten die Interaktion und die Art und Weise, wie miteinander kommuniziert wird; wir erhalten Schilderungen vom Ablauf des täglichen Lebens. Ausgehend von genau diesen scheinbar nichts sagenden Dingen machen wir uns ein Bild davon, was sich wirklich abspielt.

Ein Paar hat wie eine Familie auch eine Reihe von gemeinsamen Gesten und Gewohnheiten, die von den Sitten und Mythen herrühren, die jeder aus seiner Herkunftsfamilie mitgebracht hat. Gemeinsam bilden die Partner neue Gewohnheiten heraus, die ihren Alltag organisieren und über die kaum gesprochen wird, weil sie sich scheinbar von selbst ergeben. Gläubige Christen nehmen in einem Gottesdienst gemeinsam am Abendmahl teil und trinken das Blut Christi in Form von Wein, ohne dass sie auf den Prüfstand stellen, wie und warum sie diese Gepflogenheit übernommen haben. Die Geschichte des Ursprungs solcher Rituale ist ein wenig in Vergessenheit geraten, scheint aber in den kollektiven Gesten auf, die mehr als der Glaube, der ihrem Tun zugrunde liegt, die Einheit und die Identität der Gruppe besiegeln. Rituale haben immer einen etwas mysteriösen Charakter für diejenigen, die sie ausführen, weil deren Entstehungsgeschichte im Dunkeln liegt und auch im alltäglichen Leben keine Spuren hinterlässt.

Eines der ersten bedeutenden Rituale für das Paar ist die Hochzeit. Sie weiht die Verbindung, und vor allem reiht sie die neu Vermählten in die Sozialgeschichte und die Generationenabfolge ein, weil sie ein Ritual wiederholen, das auch ihre Eltern und Großeltern und die meisten ihrer sonstigen Vorfahren vollzogen haben. Die Ablehnung der Ehe so vieler heutiger Paare spricht deutlich von ihrem Wunsch, mit der Tradition zu brechen und sich abzusetzen von dem Bild der elterlichen Ehepaare, denen sie weder nacheifern noch sich mit ihnen identifizieren wollen. Für viele Paare, speziell für homosexuelle, kommt als rituelle Besiegelung ihrer Verbindung auch die zivilrechtlich geregelte eheliche Lebensgemeinschaft in Frage.

Rituale sind notwendig, weil man unmöglich jeden Tag den Alltagsablauf neu erfinden kann. Allerdings besteht die Gefahr, dass sie irgendwann zu einer belastenden Routine werden. Wir alle haben die Karikatur das gelangweilten Paares vor Augen, das gemeinsam in dieselbe Richtung blickt: in Richtung Fernseher! Nichts leichter, als in die Falle der Abstumpfung zu geraten, die jede Erotik schon im Ansatz ausschließt. Das Sexualleben kann sich am Ende auf eine Abfolge mechanisierter Gesten reduzieren, ohne jeden Austausch, jedes Begehren oder jede Lust.

Rituale sind auch deswegen wichtig, weil über sie Elemente des Familienmythos in den Alltag gelangen können und sie damit zur Schaffung einer gemeinsamen Kultur beitragen. Es geht um die Aufteilung von Pflichten und sonstigen Angelegenheiten, um Gemeinschaftlichkeit, die aus einem unausgesprochenen Einverständnis heraus erwächst. Damit sie am Ende nicht als purer Zwang erlebt werden, muss man sorgsam mit ihnen umgehen und sie immer wieder auf den Prüfstand stellen. Andernfalls wird sich jeder von dieser Ritualisierung bald erstickt fühlen und die Verantwortung dafür an den anderen delegieren, wie es der Fall war bei Robert und Martine.

Robert und Martine sind seit fünfundzwanzig Jahren verheiratet. Ihr Leben hat sich hauptsächlich um die Krankheit ihres ältesten Sohnes gedreht, der schizophren ist. Sie haben sich zu einer sehr solidarischen Gemeinschaft verschworen, um sich die mit der Krankheit ihres Sohnes verbundenen Aufgaben und Pflichten zu teilen, den Alltag zu organisieren, sich um ihn zu kümmern, ohne dabei die beiden jüngeren Töchter zu vernachlässigen. Durch die Krankheit ihres Ältesten haben sie sich schnell von einem Ehepaar zu einem Elternpaar gewandelt. Ihnen blieb kaum Gelegenheit, sich über ihre Beziehung Gedanken zu machen, und ihren Alltag bestimmten Rituale, die sich um die Pflege ihres Sohnes drehten. Als die beiden Töchter flügge wurden und das Haus verließen und ihr Sohn psychisch gefestigt war (er hat eine gewisse Autonomie erlangt und lebt in einer therapeutischen Wohngemeinschaft), war das Paar auf einmal sich selbst überlassen. Und ihre Ehe bekam Risse.

Robert ist ein passionierter Sammler von Schmetterlingen. Den größten Teil seiner freien Zeit verbringt er am Schreibtisch mit seinen Schmetterlingen aus aller Welt, die er klassifiziert, registriert und mit kleinen Nadeln in Kästen feststeckt. Martine hat sich immer sehr viel mehr um soziale Beziehungen gekümmert. Sie hat Freunde, macht Sport und hat stets darauf geachtet, sich bei Gelegenheit von zu Hause und ihren familiären Pflichten loszueisen, um draußen aufzutanken. Die gemeinschaftlichen Aktivitäten des Paares haben sich auf die Beschäftigung mit den Kindern beschränkt. Beide haben sich sehr unterschiedliche Dinge gesucht, um sich anderweitig ausleben zu können. Während nun jedem Außenstehenden sofort ins Auge fallen würde, dass sie nichts außer ihrer Sorge um die Kinder gemeinsam haben, machen sie selbst den Eindruck, als seien sie von dieser schweren Krise völlig überrumpelt worden, die in dem Moment ausbrach, wo sie keine elterlichen Pflichten mehr zu erfüllen hatten. Mittlerweile hat sich Martine in einen anderen Mann verliebt und droht damit, von zu Hause auszuziehen.

Robert scheint aus seiner Starre erwacht zu sein und setzt alles in Bewegung, um sie zurückzuhalten. Er hat sie gebeten, gemeinsam einen Paartherapeuten aufzusuchen. Martine – die schon einmal eine Therapie gemacht hatte – ist sehr erstaunt über diese Bitte; sie hätte sich nie vorstellen können, dass Robert bereit dazu wäre, sich in Frage zu stellen, so sehr schien er ihr in seinem ritualisierten Tagesablauf festgefahren.

In den ersten Sitzungen verwendet Martine ihre Zeit darauf, Robert vor Augen zu führen, dass sie in Wahrheit überhaupt nicht wichtig für ihn sei und er sie nie wirklich beachtet hätte. Sie wundert sich, wie sehr Robert sich darum bemüht, sie zurückzugewinnen. Sie war der Meinung, dass ihre Beziehung am Ende sei und dass es ihm im Grunde vollkommen gleichgültig sei, ob sie nun da ist oder nicht. Sie beginnen jetzt über all die kleinen Alltagsbegebenheiten zu sprechen, die so wenig Thema zwischen ihnen waren, dass sie wie ein Automatismus abgelaufen sind, und die sich jetzt mit einem Mal als symptomatisch für die Brüchigkeit ihrer Beziehung erweisen.

»Du denkst nie daran, die Klobrille wieder herunterzuklappen«, wirft sie ihm beispielsweise vor. »Ich hab dich mindestens eine Million Mal darum gebeten, und nie machst du es. Daran sieht man doch, dass du nie an mich denkst und dich nicht darum kümmerst, was ich sage.« Oder: »Neulich, als ich xy zum Essen eingeladen habe, habe ich mehrmals gesagt, dass ich ein leichtes Essen möchte mit einem Salat als Vorspeise. Und du tischst zusammen mit dem Salat diese fette Gänseleber auf. Du hast mir also gar nicht zugehört!«

So zählt sie eine alltägliche Kleinigkeit nach der anderen auf, die sie als Beweise für Roberts Gleichgültigkeit ihr gegenüber wertet. Er fällt aus allen Wolken: Für ihn waren diese Alltagsrituale Zeichen für eine befriedigende Aufgabenteilung in ihrer Beziehung, und der Gedanke, dass sie sich als Bringschuld gegen ihn verkehren würden, kam ihm gar nicht.

Aus der Gesamtheit der alltäglichen Verrichtungen kristallisieren sich für das Paar positive und negative Elemente heraus, die entweder zu der Auffassung führen, dass die Aufgabenverteilung harmonisch ist oder dass einseitig Forderungen aufgestellt werden. Gemeinschaftlichkeit kann mit kleinen, scheinbar unbedeutenden Dingen aufgebaut werden, wie beispielsweise mit der Entscheidung (die implizit gefällt wird, weil man darüber selbstverständlich nicht diskutiert – zumindest nicht am Anfang), wer von beiden die Klobrille herauf- oder herunterklappen soll. Wenn es bei einem Paar bei einem Abendessen mit Gästen einmal zur Gewohnheit geworden ist, dass einer der Partner sich bis zur Nachspeise um alles kümmert, ist es sehr schwierig, hiervon wieder abzukommen. Ein Ehemann, der seine Frau aufstehen sieht, um den Tisch abzudecken, wobei dies, seitdem sie Einladungen geben, immer seine Aufgabe war, wehrt sich womöglich dagegen, dass sie seine Rolle übernehmen will. Solche Rituale haben identitätsstiftende Kräfte: »Ich bin es (oder: du bist es), der das macht.«

Ans Licht kommen diese Dinge nur in einer Krise. Robert und Martine machen so eine Krise gerade durch, und es geht um den Fortbestand des Paares. Jetzt erhalten alle Rituale ihre Bedeutung und können infrage gestellt werden. Lässt sich nach fünfundzwanzig Jahren hier noch etwas ändern? Genau dies ist die Frage, die Robert und Martine mir stellen und die sie sich selber stellen.

Ihr Alltagsleben hat sich verändert. Das Wochenende verbringt Martine trotzdem weiterhin mit ihrem Geliebten. Robert läuft vollkommen verzweifelt im Haus herum und weiß nicht, was er mit sich anfangen soll. Er sagt das Martine, die ihm daraufhin klar macht: »Als ich da war, da hast du mich doch überhaupt nie angeguckt. Ich bin mir vorgekommen wie eins der Möbelstücke! Du hast dich in dein Arbeitszimmer zurückgezogen und dich den ganzen Tag mit deinen Schmetterlingen beschäftigt, für mich hast du dich nicht interessiert. Ich verstehe wirklich nicht, was sich durch meine Abwesenheit für dich geändert haben sollte!«

Robert antwortet: »Mir ist klar geworden, dass sich alles dadurch ändert. Dich um mich zu wissen hat meinem Leben einen Sinn gegeben.«

Was Robert in Wirklichkeit, und auf eine sehr bewegende Art, zu Martine sagt, ist: »Mir ist klar geworden, dass ich dich liebe.« Die ganze Sitzung hindurch macht er ihr wie ein Jugendlicher Liebeserklärungen. Sie ist die wunderbarste Frau der Welt, ohne sie ist sein Leben dumpf und eintönig. Fünfundzwanzig Jahre hat er gebraucht, um das zu erkennen! Sie reden jetzt in einer vollkommen anderen Tonlage miteinander. Martine sagt zu ihm:

»Du sagst, dass du mich liebst, aber ich spüre das nicht. Woran kann ich spüren, dass du mich liebst?«

Martines Vorstoß stellt Robert vor metaphysische Fragestellungen. Über diese Dinge hat er sich nie Gedanken gemacht. Wie viele ein wenig starre Persönlichkeiten hat er Angst vor dem Gefühl des Verlangens, das er durch zwanghafte Handlungen und Verhaltensweisen einzudämmen versucht. Er kann hunderttausend Beispiele dafür nennen, was er alles für Martine und die Familie getan hat. Spricht man ihn jedoch auf affektive und gefühlsmäßige Dinge an, ist er verloren, weil er selbst nichts Vergleichbares empfindet. Die Beziehung zu Martine hat für ihn eine rein stützende Funktion, wie bei einem Kind, das in seinem Zimmer spielt und sich beschützt fühlt, weil es weiß, dass seine Mutter nebenan ist. Robert braucht die Anwesenheit von Martine, um sich lebendig zu fühlen, und stützt sich dabei so sehr auf sie, dass er aus der Beziehung nicht herauskann. Erst durch Martines rücksichtslos vollzogenen Schnitt wurde Robert mit einem Mal bewusst, was das Paar ihm bedeutet.

In einer Paartherapie (die man übrigens durchaus auch als ein Ritual betrachten kann) kann es lohnend sein, dem Paar eine gewisse Anzahl an »Gegen-Ritualen« zu verschreiben, um leblos und erdrückend gewordene Rituale außer Kraft zu setzen.

Genau so bin ich bei Guillaume und Florence vorgegangen. Im Laufe der Sitzungen vertrauen sie mir an, dass ihr

Sexualleben etwas unbefriedigend verlaufe. Sie lieben es beide, miteinander zu schlafen, und es bereitet beiden viel Lust, aber sie beklagen, dass es nicht oft genug vorkäme. Vom Alltag in Beschlag genommen und, wie die meisten Paare, aufgerieben zwischen ihrer Arbeit, ihren sonstigen Pflichten und den Kindern, ist nie der richtige Zeitpunkt dafür da. Abends sind sie erschöpft und wollen nur noch schlafen, morgens sind sie in Eile … Sie möchten, dass ihr Sexualleben etwas Besonderes ist und nicht einfach ein Teil der Alltagsroutine wird. Sie sind beide etwas schamhaft, und es fällt ihnen nicht leicht, über ihre Sexualität zu sprechen. In meiner Gegenwart gelingt es ihnen jedoch, dieses Thema anzuschneiden. Es stellt sich dabei heraus, dass beide es nicht wagen, ihr Verlangen offen zu zeigen. Weder sie noch er kann den ersten Schritt tun. Guillaume traut sich nicht, Florence zu Sex zu animieren, aus Angst, sie hätte eigentlich keine Lust und würde nur ihm zuliebe mitmachen. Er befürchtet, als Macho aufzutreten, der sich einfach nimmt, was er will. Florence hat Angst davor, Guillaume könnte ihr Verlangen als Aggression deuten. Hier befinden wir uns tatsächlich mitten im Tanz des Paares: der eine macht einen Schritt nach vorn, der andere einen Schritt zurück.

Da beide ihr Verlangen nicht ausdrücken können und es in der Tat nicht so einfach ist, in der Küche, wenn der Abwasch ansteht, »ich habe Lust auf dich« zu sagen, kommt mir der Gedanke, ihnen ein kleines Ritual vorzuschlagen. Beide sollen sich ein verschiedenfarbiges Stück Band aussuchen und es gut sichtbar auf die Kommode im Schlafzimmer legen, wenn sie Lust auf den anderen haben. Wenn Roberts Band dort liegt, kann zweierlei passieren: wenn Martine auch Lust auf Sex hat, legt sie ihr Band neben seins; wenn sie keine Lust hat an diesem Abend, macht sie nichts. Dieses System funktioniert so gut, dass sie Spaß daran finden und damit spielen. Anstatt eines weiteren Rituals, bei dem sie sich nur wieder gegenseitig belauern würden, habe ich ihnen ein kleines Spiel vorgeschlagen, das sie oft zum Lachen bringt und ihnen hilft, ihre Hemmungen zu überwinden. Die Tatsache, dass diese Idee von mir kam, macht es ihnen möglich, hierin kein Machtspiel zu sehen, was mit Sicherheit geschehen wäre, wenn die Initiative hierzu von einem der beiden Partner ausgegangen wäre. Dank der Intervention der Therapie konnten sie als Paar ein neues Ritual herausbilden, ein echtes »Meta-Ritual«, über das keiner von ihnen diskutieren muss, wodurch sie sich für eine gewisse Zeit von der Frage nach der Macht loslösen können. Dies ist selbstverständlich nur eine Methode unter vielen, um festgefahrene Wege zu verlassen. Jetzt ist das Paar an der Reihe, weitere spielerische Rituale zu erfinden! Das neue Ritual wird es ihnen auf jeden Fall möglich machen, leichter mit all den Dingen umzugehen, die hinter der Frage lauern, wer in der Sexualität den ersten Schritt tut: Aspekte wie die Macht des Mannes, die Rolle der Frau und alle weiteren mit der Sexualität verbundenen Vorstellungen. Ich bin zwar kein glühender Verfechter von verhaltenstherapeutischen Spielen, aber manchmal können sie sich als nützlich erweisen, vor allem, wenn die Probleme des Paares in die mythische Ebene reichen.

Der Platz des Dritten oder Die Musik zum Paar

Um ihre Beziehung aufzubauen und sie haltbar zu machen, braucht das Paar Dinge, die von außen kommen. Zum Tanz gehört die Musik. Bei einem Paar sind es oft die Kinder, nach denen sich die Violinen stimmen lassen, aber das Tempo vorzugeben und es zum Schwingen zu bringen, das vermögen auch andere. So kann die Rolle der Musik einem gemeinsamen Projekt (Hauskauf oder Urlaub etc.) oder einer Person zufallen, die einen bestimmten Stellenwert für das Paar hat (ein

Mitglied einer der Herkunftsfamilien, ein Kind aus einer früheren Beziehung, ein früherer Partner oder ein Therapeut eines der beiden Partner etc.).

All diese »Dritten« können eine Belastung sein für das Paar oder aber es bereichern. Dies umso mehr, je zahlreicher und unterschiedlicher diese sind, je ausgewogener ihr Einfluss ist und je weniger das Paar dabei aus den Augen verliert, dass es vor allem ein Zweierbündnis ist. Richtet sich das Paar zu sehr auf ein gemeinsames Projekt oder äußeres Engagement aus, läuft es tatsächlich Gefahr, seine Entwicklung als Paar und seine Liebesbeziehung aufs Spiel zu setzen. So können sie sich unbeabsichtigt in ein Elternpaar verwandeln, in eine GmbH (wenn sie ein gemeinsames Unternehmen haben), in ein Krankenhaus (wenn sie sich um eine depressive Schwiegermutter kümmern müssen oder um ein krankes Kind, wie es bei Martine und Robert der Fall war), in eine Bildungseinrichtung (wenn sie sich ganz und gar der Erziehung der Kinder verschreiben). Das Zweierbündnis kann so weit hinter anderen Beschäftigungen verschwinden, dass es schließlich nur noch virtuell vorhanden ist.

Eine viel erzählte jüdische Anekdote illustriert anschaulich, wie dieses berühmte »Dritte« ein Paar belasten kann: Sarah ist verzweifelt. Frisch mit Jakob verheiratet, bemüht sie sich, ihm eine treu sorgende Ehefrau zu sein. Jeden Abend bereitet sie ein üppiges Mahl und deckt einen herrlichen Tisch, und jedes Mal gratuliert Jakob ihr dazu und sagt: »Das war sehr gut, aber Mama macht es noch viel besser.« Schließlich geht sie ratsuchend zu einem Rabbi, der ihr sagt: »Sie müssen einsehen, dass Sie in dieser Hinsicht niemals mit seiner Mutter konkurrieren können. Versuchen Sie also etwas anderes. Es gibt einen kleinen Wäscheladen hier im Viertel. Kaufen Sie sich einen schönen Büstenhalter, dazu Strapse aus schwarzer Spitze. Kochen Sie an diesem Abend nicht und decken Sie auch nicht den Tisch. Ziehen Sie die sexy Unterwäsche an, legen Sie sich ins Bett und warten Sie auf ihn. Sie werden sehen ...« Sarah ist begeistert von der Idee. Sie kauft sich hinreißende Wäsche aus Seide und schwarzer Spitze. Am Abend zieht sie die neu erstandenen Teile an, schlüpft unter die Bettdecke und wartet. Als Jakob von der Arbeit nach Hause kommt, ist weder der Tisch gedeckt, noch ziehen Essensgerüche durch die Wohnung. Er kommt ins Schlafzimmer gestürzt. Sarah liegt im Bett. Bei seinem Anblick schlägt sie die Decken zurück, um sich zu zeigen. Und Jakob ruft aus: »Oh mein Gott, was ist passiert? Du bist ganz in Schwarz ... ist Mama gestorben?«

Sich für etwas einzusetzen und Pläne zu machen ist absolut notwendig, damit eine Beziehung wächst und Form annimmt, aber es muss sie bereichern und darf sie nicht auslöschen. Es müssen folglich mehrere unterschiedliche Dinge sein. Nichts spricht dagegen, zugleich Pläne für eine Urlaubsreise zu machen, den Kauf einer Immobilie zu erwägen, sich mit einem Kind zu beschäftigen, einen Besuch bei den Schwiegereltern zu planen ... und, zum Beispiel, eine Therapie zu beginnen. Sich auf ein einziges Projekt zu konzentrieren birgt die Gefahr, alles andere aus den Augen zu verlieren, wie die Geschichte von Cédric und Antoine zeigt. Sie leben seit zwölf Jahren sehr harmonisch zusammen. Wie Komplizen haben sie eine große geistige und gefühlsmäßige Nähe und suchen mich zum Zeitpunkt einer schweren Krise auf. Als Paar sind sie sehr komplementär: Der eine ist eher künstlerisch veranlagt (Cédric ist Art Director einer Werbeagentur), der andere kaufmännisch (Antoine möchte ein eigenes Bekleidungsunternehmen aufbauen). Antoine ist schließlich so weit, seine Firma zu gründen, während Cédric seinen Job nach und nach zurückschraubt, in dem er übrigens sehr erfolgreich war, um bei Antoine mitzuarbeiten. Gemeinsam verwirklichen sie das Firmenprojekt, das mehr und mehr Raum einnimmt und dem sie sich beide Tag und Nacht widmen – bis zu dem Punkt, wo sich alles in ihrem Leben nur noch um diese Firma dreht. Ihre Beziehung hat sich immer mehr in eine Art Partnerschaft verwandelt, in eine Verbindung, die von ihrer Komplementarität lebt und davon, dass einer für den anderen einsteht. Ihr Projekt hat sie aneinander gebunden, wobei sie nicht gemerkt haben, wie sie sich als Liebespaar aufgelöst haben. Seit Jahren schon haben sie keinen Sex miteinander, was sie jedoch nicht beunruhigt hat, da sie sich körperlich sehr nahe sind und große Zärtlichkeit füreinander empfinden. Bis zu dem Tag, an dem geschieht, was geschehen musste. Antoine lernt jemanden kennen und verliebt sich Hals über Kopf. Die Beziehung droht zu zerbrechen. Die durch Antoines Verliebtheit ausgelöste Krise erhält zusätzliches Gewicht, da eine Trennung nicht nur einen emotionalen Bruch bedeuten würde, sondern aufgrund des gemeinsamen Unternehmens auch materielle Folgen hätte. Hinzu kommt, dass sie überhaupt nicht den Wunsch verspüren, sich zu trennen. Trotzdem ist Antoine nicht bereit, seine Liebschaft aufzugeben, bei der körperliche Gefühle wieder erweckt wurden, die ihm sehr wichtig sind.

Der Platz des Dritten bei einem Paar fällt unter den Begriff der »Designation«, der Bezeichnung oder Ernennung. Ein Element außerhalb des Paares wird dazu »ernannt«, die Beziehung zu stabilisieren, gleichzeitig soll es aber auch Probleme aufwerfen. Was uns vor Probleme stellt, ist genau das, was uns zusammenhält und aneinander bindet. Jakob und Sarah »ernennen« Jakobs Mutter zur Hauptverantwortlichen für ihre Beziehungsprobleme. Antoine und Cédric ernennen ihre Firma zur Ursache dafür, dass ihr Paarleben zum Erliegen kam.

Wenn das Kind das Tempo vorgibt oder der Therapeut

Dieser Mechanismus ist sehr viel offensichtlicher, wenn es sich bei dem »Dritten« um ein Kind handelt, so wie es bei schlecht funktionierenden Beziehungen oft der Fall ist. Stellen wir uns eine Familie vor: Die Eltern haben Probleme miteinander, der Vater entzieht sich dem Zuhause und investiert nicht mehr in die eheliche Beziehung. Nun beginnt das Kind oder eines der Kinder bestimmte Verhaltensauffälligkeiten zu zeigen (psychische Probleme, Schulversagen), und seine Mutter macht sich Sorgen. Sie bittet also den Vater, sich damit zu befassen und sie in ihrer Sorge zu unterstützen. Dies bringt die Eltern wieder näher zusammen, schafft jedoch eine Situation, in der die Schwierigkeiten des Kindes die Voraussetzung für die Annäherung des Paares sind. Sollte dem Kind bewusst werden, dass der Vater sich in dem Moment, wo es ihm besser geht, wieder von zu Hause entfernt, wird es sehr schnell begreifen, dass sein Leiden für eine Annäherung der Eltern notwendig ist, und so beginnt ein Teufelskreis. Unbewusst ernennt das Kind sich selbst zu demjenigen, welcher die Eltern zusammenhält, und gleichzeitig ernennen auch die Eltern es zum Kitt ihrer Beziehung. Dies lässt weiteren Kindern, die es womöglich in der Familie gibt, den Raum, eine Art Gegenpart zum »designierten Patienten« einzunehmen und zum Beispiel dasjenige Kind zu werden, das gut in der Schule ist, das keine Probleme macht, das begabter ist etc.

Es gibt sogar die eigentlich ein bisschen paradoxen »Dritten«, die den Kitt für das Paar bilden und es festigen.[21] Der Therapeut eines der Partner kann diese Rolle zum Beispiel spielen. Oft wird gesagt, dass die Aufnahme einer Einzeltherapie eine Beziehung bedrohe. Mir scheint eher, dass die Gefahr auftritt, nachdem die Therapie beendet ist. Eine Frau, die unglücklich ist über den mangelnden Austausch mit ihrem Mann, baut eine sehr emotionelle Beziehung zu ihrem Therapeuten auf, die ihr Halt gibt. Die von Gewohnheiten geprägte Beziehung zu ihrem Mann geht sie jetzt umso pragmatischer an. Natürlich kann sie die für sie notwendige emotionale Nähe auch mit einer besten Freundin haben, mit ihrer Schwester oder sonst jemandem. Der Unterschied liegt nur darin, dass mit dem Ende einer Psychoanalyse oder einer Einzeltherapie der emotionale Austausch und die Intimität mit einem Mal aufhören und diese Frau ihr Gleichgewicht wieder verliert. Man kann mit seinem Partner nicht die Beziehung nachbilden, die man zu seinem Therapeuten gehabt hat. Wider besseres Wissen erwarten wir von der Beziehung nichts weniger, als dass sie alle unsere Wünsche erfüllt, Mängel ausgleicht und unser Bedürfnis nach besonderer, exklusiver Intimität befriedigt.

In der Therapie mit Paaren gerate ich manchmal in die Situation, dass ich symbolisch den Platz des »Dritten« einnehme. Ich stelle einen Stuhl zwischen die beiden Partner und frage sie: »Wer sitzt auf diesem Stuhl?«, was die Frage mit aufwirft: »Wer schläft mit im Ehebett?« Obwohl sie sich die Antwort darauf noch nie überlegt haben, verstehen sie und machen diesen »Dritten« sehr schnell ausfindig, der so präsent ist, dass er einen festen Platz in ihrer Beziehung einnimmt. Sehr häufig ist es für beide Partner der Gleiche (sonst wäre er auch nicht ein »Dritter«). Oft nimmt die Schwiegermutter auf diesem Stuhl Platz, bisweilen auch ein Kind, ein Verstorbener oder ein Ex-Partner. Es ist interessant zu beobachten, dass der eine wie der andere der Partner sich darüber eigentlich im Klaren sind. Plötzlich kommt es ans Licht, als wäre dieser »Dritte« tatsächlich anwesend. Jetzt kann man das Spiel weiterspinnen: Jeder kann ihn zum Sprechen bringen oder ihn agieren lassen.

Im Gegensatz hierzu, einen oder mehrere »Dritte« zu finden und ihnen eine Vermittlerrolle zwischen den Partnern zu übertragen, kann es auch den weiter oben schon erwähnten Mechanismus geben, dass einer der Partner für das Unglück des anderen verantwortlich gemacht wird. Der Sündenbock ist jetzt keine außerhalb stehende Person (das Kind, der Chef, die Schwiegermutter), sondern der Partner. Dies kommt der sehr pubertären Denkweise gleich, die in uns allen schlummert und uns immer lieber einen Verantwortlichen für unser Missgeschick benennen lässt als uns selbst in Frage zu stellen. Im Grunde dient auch die Beziehungsdynamik dazu, gewisse Spannungen und Aggressionen abzubauen, die man nicht gegen sich selbst richten kann!

Vom anderen erwartet man in Wirklichkeit immer mehr, als man von sich selbst verlangen würde. Man möchte, dass er versteht, was uns umtreibt, während wir selbst es auch nicht verstehen. Genau dies geschieht während der Pubertät! Der Jugendliche, der türenschlagend durch das Haus zieht und sich ständig darüber beklagt, dass seine Eltern »nichts verstünden«, drückt lediglich aus, dass er selbst verloren ist angesichts all der Veränderungen, die er durchlebt, und der widersprüchlichen Gelüste und der Frustrationen, von denen er gepackt wird. Implizit bittet er seine Eltern, ihm dies alles zu erklären. Weil er aber zugleich Angst davor hat und es gar nicht ertragen könnte, dass diese den Versuch dazu unternehmen, erteilt er ihnen eine Abfuhr.

Problematisch wird die Situation, wenn sich beim Paar eine Peiniger-Opfer-Beziehung etabliert hat. All diese Sätze wie »Was habe ich denn gemacht, dass du so wütend bist?«, »Warum guckst du mich so böse an?«, »Was habe ich so Schlimmes gesagt?« kehren sich gegen denjenigen um, der sie von sich gibt, denn der andere nimmt sie in diesem Moment nur als weiteren Beweis seiner Dummheit und seiner Unfähigkeit, ihn zu verstehen. »Er macht mich nicht nur wütend, er versteht nicht einmal, warum er mich wütend macht! Er kann sich nicht einmal vorstellen, dass es seine pure Anwesenheit ist, die mich rasend macht…« Viele Paare gehen so miteinander um. Die Art, wie der eine die Schranktür krachend schließt oder seine Socken herumliegen lässt, lächelt oder nicht, den anderen anblickt oder nicht, wird als Beweis seiner mangelnden Einfühlung und seines nicht vorhandenen Verständnisses interpretiert. Alle Paare kennen diese Form des Austauschs, aber es kann auch dazu kommen, dass die Beziehung nur auf dieser Basis verläuft, weil einer der Partner ein so ausgesprochenes Opferverhalten angenommen hat, dass er die sadistischen Verhaltensweisen des anderen noch verstärkt. Man muss dazu sagen, dass Stabilität etwas sehr Angenehmes ist. Ein immer gleiches Spiel, das die Zukunft vorhersehbar macht, hat diesen Aspekt des Komfortablen.

Es ist nicht ausgeschlossen, dass diese wechselseitige Ernennung zum Sündenbock zur alltäglichen Umgangsform in der Beziehung wird.[22] Das Paar spricht von Trennung, trennt sich jedoch nur verbal. Die Feindlichkeit der äußeren Welt hat Einzug in das Paar gehalten. Der Hass wird zu einem gemeinsam geteilten Gefühl, das die Paargemeinschaft zusammenhält: alles erscheint besser als Indifferenz. Sich lieber weiterhin als Paar fühlen als dies nicht mehr zu tun. Wenn schon die Liebe fehlt, dann bleibt eben der Hass. Das Leiden gibt jemandem, der Angst vor Einsamkeit hat oder vor einer Notlage, das Gefühl, am Leben zu sein. Die Idealisierung des Liebesobjektes schlägt in dessen Verfolgung um. Der andere sieht sich eingesponnen in ein Netz von Vorwürfen, er kann nicht entkommen, kann aus dem Spiel nicht aussteigen, kann keine Unabhängigkeit erlangen. Jeder wird vom anderen als verachtenswertes Opfer behandelt. In Streits und Vorwürfen wird der andere als schuldig bezeichnet und bestraft. Die eheliche Gemeinschaft wandelt sich in ein gewaltiges »häusliches Drama«, dessen Lustaspekt keinem verborgen bleiben kann: Dieses ungehemmte Hochschrauben der Aufregung, diese Sinnestrunkenheit, dieser kritische Kulminationspunkt, gefolgt von einer körperlichen Erschlaffung kann zu der einzigen erotisierten Szenerie gewisser Paare werden.

In manchen Fällen werden auch mehr oder weniger parteiische Zuschauer gefunden, Kinder oder Freunde, die die Großartigkeit der Aufführung bezeugen sollen.

Die Politik des Sündenbocks verweist immer auf einen persönlichen Schmerz. Wenn man es nicht erträgt, älter zu werden, ist es der andere, der für dieses Altern verantwortlich gemacht wird, weil er der Zeuge davon ist. Wenn man beruflichen Misserfolg nicht erträgt, ist es der andere, der nicht genug Verständnis dafür aufbringt, und zwar einfach deswegen, weil er der Zeuge dieses Versagens ist. Man kann am Ende alles um sich herum in Brand stecken, um aus seinem eigenen Leiden herauszukommen.

Ein Paar ist auch dafür da, Halt zu geben bei Frustrationen und Unzufriedenheiten, wenn es aber ausschließlich dazu dient, wird es sehr schwierig, aus dieser festgefahrenen Situation wieder herauszufinden. Oft genug trennen sich solche Paare oder sie leben in einer Beziehung, die auf gegenseitigem Hass und Frustration beruht.

Man hat immer das Bedürfnis danach, einen Schuldigen zu finden: einen Dritten, etwas aus der Vergangenheit, den Partner. Um sich selbst vollkommen verantwortlich für sein eigenes Schicksal zu fühlen, ist eine große innere Reife notwendig. Wir verfügen allerdings über eine immer größere Freiheit, unser eigenes Leben zu gestalten.[23] Wir sehen uns permanent mit einer Vielzahl an Orientierungsmöglichkeiten konfrontiert. Je größer die Auswahl ist, desto mehr Angst kommt ins Spiel. Angesichts dieses Freiheitsrausches kann es vorkommen, dass man sich lieber auf die Projektion verlegt. »Wenn ich nicht mit ihr verheiratet wäre, hätte ich ins Ausland gehen können«, »Nur wegen ihr kann ich keine aufregenden sexuellen Abenteuer mehr haben, kann ich meinen Job nicht wechseln« etc. Genau dies drückt der Satz aus: »Es ist unerträglich, was für ein Gesicht du machst.« Die Unzufriedenheit, die in solchen kleinen Sätzen des alltäglichen Lebens zum Ausdruck kommt, ist immer auf einer anderen Ebene angesiedelt, auch wenn wir einen gewissen Grad an Unzufriedenheit durchaus bewahren sollten, weil es die Motivation dazu ist, uns neue Ziele zu stecken.

Wenn die Wahlmöglichkeiten aufgrund der Verankerung der Ehe in der Gesellschaft sehr viel eingeschränkter wären, könnten sich diese Fragestellungen auf andere Dinge richten: auf die sozialen Ungerechtigkeiten, auf das Gefälle zwischen Reich und Arm oder auf den Kampf um die Gleichberechtigung. Heute kann man zu jedem Zeitpunkt auf einen anderen Zug springen. Das ist es, was die Paarbeziehung am meisten belastet. So paradox es ist, der Freiheitsrausch verhindert, dass man sich in der Beziehung frei fühlt. Das Paar wird zum Auffangbecken sowohl für die innere Unzufriedenheit als auch für Frustrationen, die von außen kommen. Um diese Unzufriedenheiten von sich selbst fern zu halten, kann es manchmal dazu kommen, dass einer der Partner sich nicht nur die Verantwortung für all das, was schief läuft, aufbürdet oder aufbürden lässt, sondern sich selbst als krank bezeichnet oder sich vom anderen dazu erklären lässt.

Die Gefahren für das Paar, wenn einer die Therapeutenrolle übernimmt

Wenn einer der Partner ein physisches Leiden (Krebs, Invalidität) oder eine psychische Erkrankung (Depression, Alkoholismus, Medikamenten- und Drogensucht) hat, kann das die Beziehung festigen. Der andere übernimmt die Rolle des Therapeuten. Trotzdem wäre es absurd, einen Kausalzusammenhang zwischen der Krankheit und der vom Partner eingenommenen therapeutischen Rolle herzustellen. Niemand wird krank, damit sein Partner sich um ihn kümmert oder weil die Beziehung nicht funktioniert, selbst wenn der andere das glauben mag. Der Ausbruch einer Depression zum Beispiel ist immer noch ein Rätsel. Warum wird man depressiv? Weil man die Veranlagung dazu hat, weil man seine Mutter verloren hat, weil die Gesellschaft krank ist oder aus einem ganz anderen Grund. Vielleicht hätten die gleichen Ereignisse nicht diese Wirkung auf einen gehabt, wenn sie zu einem anderen Zeitpunkt geschehen wären. Bin ich traurig, weil das Leben schrecklich ist, oder ist das Leben schrecklich, weil ich mich traurig fühle?

Es kann allerdings geschehen, dass die Krankheit benutzt wird, dass sie zum Problem der Beziehung ernannt wird. Wenn ich während einer Therapie merke, dass einer der Partner depressiv ist, forsche ich nicht nach den Ursachen dieser Depression, die vielfältig sein können, sondern ich frage danach, auf welche Weise das Paar an dieser Krankheit festhält oder versucht, sie zu überwinden. Wichtig ist für mich nicht das »Warum«, sondern das »Wie«.

Manche Paare haben mehr Nutzen davon, auf einer Krankheit oder einem Symptom zu bestehen, als sich davon zu lösen, weil es die Beziehung auf einer Patient-Heiler-Ebene stabilisiert. Je fester ein Paar sich nun auf dieser Ebene einrichtet, desto kleiner wird die Chance, dem wieder zu entkommen, weil die Krankheit die Rechtfertigung für die Beziehung liefert. Wenn es dem Kranken besser geht, dann sieht der andere sich vom Verlust seines Platzes und seiner Rolle bedroht. Die Beziehung nimmt folglich paradoxe Formen an: Wenn der andere gesund wird, bringt er mich in Gefahr. Ich bin dann nicht länger sein Therapeut und habe keinen Platz mehr. Wenn ich nicht mehr krank bin, wird der andere sich nicht länger um mich kümmern.

Bernard leidet an manischer Depression. Man nimmt heute an, dass diese gravierenden Stimmungsschwankungen eine biologisch-genetische Ursache haben. Die manische Depression äußert sich in sehr starken euphorischen und depressiven Krisen, die oft durch Ereignisse in der Umgebung des Patienten ausgelöst werden. Bernard wechselt also von Phasen der Euphorie zu schweren Depressionen, die manchmal eine Klinikeinweisung nötig machen. Die Tatsache, dass äußere Ereignisse zum Auslöser dieser Phasen werden können, mag zu der ganz speziellen Dynamik des Paares geführt haben. Der Kranke steht unter ständiger Beobachtung seiner Partnerin. Die geringste Verspätung bei der Arbeit, eine schwere Müdigkeit, ein Ausbruch von Freude oder ein spontaner Kauf werden von ihr sofort als Anzeichen interpretiert, dass er in eine manische oder depressive Phase fallen könnte.

Genau das passiert auch in der Beziehung von Bernard und Aline, die deswegen in die Sprechstunde kommen. Sie sind gefangen in einer Mutter-Kind-Beziehung, in der die Mutter bei ihrem Kind ständig Alarmzeichen einer beginnenden Krise wittert. Solche Verhältnisse sind äußerst kompliziert. Tatsächlich muss die Umgebung sehr aufmerksam sein, um Krisen vorauszuahnen und deren Ausbruch zu verhindern. Bernard erträgt Alines extreme Wachsamkeit nicht, obwohl ihm dies gleichzeitig Sicherheit gibt. Die Nähe ruft ambivalente Gefühle bei ihm hervor, die ihn, das Kind, an eine besorgte Mutter binden.

Meine Arbeit mit diesem Paar bestand einzig in dem Versuch, ihnen dabei zu helfen, Raum zu schaffen, um wieder ein Gefühl von Unabhängigkeit finden zu können. Bernard sagte: »Ich ertrage diese tägliche Rundumüberwachung nicht mehr, gleichzeitig brauche ich sie aber.« Aline fand seine Auflehnung unerträglich und ungerecht, da sie doch nur den Wunsch zu helfen habe.

Um einen für beide weniger schmerzvollen Paartanz zu finden, mussten wir millimetergenau arbeiten. Beide brauchen im alltäglichen Leben mehr Freiraum, der jedoch nicht zu groß sein darf, da sonst beide besorgt wären – er darüber, fallen gelassen zu werden, sie, dass er sich abreagieren könnte. Bei dieser Arbeit kamen auch andere, etwas komplexere Probleme ihrer Beziehung zur Sprache.

Bernard kommt aus einem eher bescheidenen Milieu. Er hat keine höhere Schulbildung und ist seinen Weg allein gegangen. Schritt für Schritt hat er sich mit viel Mut und trotz seiner Krankheit ein kleines Unternehmen aufgebaut. Mit einundzwanzig hat er eine Frau geheiratet, die aus ähnlichen Verhältnissen stammte; sehr rasch bekamen die beiden zwei Kinder. Je höher er auf der sozialen Leiter stieg, desto mehr spürte er seiner Frau gegenüber ein Ungleichgewicht geistiger Ansprüche. Dann lernte er Aline kennen, eine Universitätsdozentin, für die er sofort entbrannte. Sie verliebten sich ineinander, er in die Frau mit Hirn, sie in den Mann mit breiten Schultern.

In der Therapie berichtet Bernard, wie klein und minderwertig er sich manchmal im Vergleich zu Aline gefühlt hat, besonders wenn sie ihre Freunde von der Universität nach Hause zum Essen einlud. Er hat ihr das nie erzählt. Aline fühlt sich manchmal ebenfalls unbehaglich und fragt sich, ob Bernard ihre Bedürfnisse und geistigen Ansprüche erfüllen kann. Aus Angst, den anderen zu verletzen, sprechen sie nicht darüber. Über dieses Thema können sie auch deswegen nicht kommunizieren, da es die Basis ihres Paarvertrages bildet: aufgrund dieser Unterschiedlichkeit haben sie sich ja damals füreinander entschieden.

Es gelang ihnen zwar, aus diesem klar abgesteckten Beziehungsspiel rund um Bernards Erkrankung auszusteigen und diesen speziell rhythmisierten Tanz zu beenden (»Ich passe auf dich auf, du passt auf mich auf, ich will nicht, dass du auf mich aufpasst«), aber dadurch ist Bernard von seiner manisch-depressiven Psychose natürlich nicht geheilt. Dennoch können sie sich jetzt mit ihren Problemen in größerer Nähe zueinander befassen. Sie haben endlich offen darüber geredet, wodurch ihre Beziehung gefestigt wurde und wie sie ihr Leben rund um Bernards Krankheit neu ausrichten konnten. Sie haben erkannt, dass sie diese Krankheit zum Grund all ihrer Probleme ernannt haben.

Aline ist wachsam geblieben, was ja auch erforderlich ist bei dieser Art Erkrankung, aber sie hat aufgehört, Bernards Therapeutin zu sein.

Grundsätzlich fällt dem Paar die Rolle des Therapeuten der Partner zu, weil gerade die gemeinsam geschaffene Beziehung ihnen gut tun kann. Sobald einer der Partner diese Rolle für den anderen übernimmt, ist die Beziehung als solche ihrer Wirkungsmöglichkeiten beraubt. Die Therapie hat Bernard und Aline aus dieser Sackgasse herausgeführt. Die Beziehung ermöglicht Bernard, seine intellektuellen Interessen, die im Elternhaus brachlagen, zu pflegen und zu entwickeln, und sie ermöglicht Aline, aktiv zu sein und sich gesund zu fühlen (durch Sport, durch gemeinsame Spaziergänge auf dem Land), was ihr früher gefehlt hatte. Sie haben sich gegenseitig ausgesucht, weil jeder dem anderen das geben konnte, was er tief im Innern brauchte. Aber irgendwann ist dann das »Gute« ihrer Beziehung verschwunden, und an seine Stelle ist das »Schlechte« getreten. Das, was man sich wünscht, hat immer zwei Gesichter: einerseits wünscht man es sich sehr, andererseits wirft uns die Angst vor Veränderung auf das zurück, was man immer gewesen ist. Auch dies ist wieder etwas, was typisch ist für die Pubertät, wenn der Jugendliche nicht mehr sieht, was seine Eltern ihm an Positivem vermitteln, sondern sie nur noch als Quelle seiner Frustrationen erlebt. Jeder Partner bringt sein eigenes Bündel an Hemmschuhen und Frustrationen mit in die Beziehung und vergisst schließlich, dass nicht der Partner es war, der es geschnürt hat, sondern dass er es mitgebracht hat.

Auf dem Höhepunkt ihrer Krise hat Bernard Aline übrigens auch vorgeworfen, dass sie der Grund für die Trennung von seiner ersten Frau gewesen sei. Er tat sogar so, als hätte nicht er von sich aus die Trennung gewollt, sondern als hätte Aline es von ihm verlangt. Ab dem Moment, wo sie die positiven Aspekte ihres Paktes aus den Augen verloren hatten, hat Bernards Krankheit ihre Beziehung auf eine andere Art besiegelt. Seine manische Depression ist zu einem »Dritten« geworden, das ihre weitere Entwicklung verhindert hat.

Eine Krankheit oder Behinderung führt nicht notgedrungen zu diesen Mechanismen. Oft kompensiert ein Partner seine Krankheit oder Behinderung und entwickelt besondere Qualitäten (eine erhöhte Sensibilität oder eine besondere Gabe, dem anderen zuzuhören, etc.), die ein »Mehr« mit sich bringen, und nicht ein »Weniger«. So kann sich die im Paar angelegte Komplementarität der Partner entfalten, ohne dass daraus eine Patient-Heiler-Beziehung entsteht, wie es bei Marc und Luc geschehen ist.

Marc und Luc kennen sich erst seit ein paar Monaten. Sie kommen gemeinsam zu mir, weil Luc furchtbare Nervenkrisen hat, bei denen Marc nicht weiß, wie er reagieren soll. Luc macht eine Psychoanalyse. Marc hatte Lucs Analytiker um ein Gespräch gebeten; dieser lehnte ab, verwies ihn jedoch an mich. Sie kommen also in meine Praxis, und Marc hat eine explizite Bitte an mich: »Ich würde gerne wissen, was ich tun soll, wenn Luc diese Nervenzusammenbrüche hat. Normalerweise ist er der netteste Mensch der Welt, und ich liebe ihn, aber wenn er ausrastet, weiß ich nicht, wie ich reagieren soll. Soll ich ihn anschreien? Soll ich gehen? Bleiben? Ihm ein Glas Wasser geben? Sagen Sie mir, was ich tun soll!«

Je länger Marc in dieser Weise die Situation beschreibt, desto wütender wird Luc, weil er das Gefühl hat, als der Irre dargestellt zu werden. Lucs Einstellung zu seinen Schwierigkeiten ist ziemlich widersprüchlich. Ich frage ihn:

»Haben Sie das Gefühl, dass irgendwelche Worte, Reaktionen oder Verhaltensweisen von Marc einen Einfluss auf Ihre Krisen haben?« Er antwortet: »Nein, was auch immer er tun würde, helfen kann er mir nicht. Deswegen habe ich ja mit der Analyse begonnen. Das ist mein Problem, und ich muss ganz allein damit fertig werden.«

Hier zeigt sich Lucs ganze Widersprüchlichkeit: Einerseits sagt er, dass Marc ihm nicht helfen kann, andererseits aber macht er ihn für seine Krisen verantwortlich, *weil* er ihm nicht helfen kann! Sie kennen sich erst kurz, aber während dieser Sitzung ist es für mich offensichtlich geworden, dass ihr Paar sich nach folgendem Muster auszurichten beginnt: »Ich bin da, um dich gesund zu machen.« Marc wehrt sich noch gegen diese Auslegung. Immer wenn ich versuche, die Sitzung auf das Thema ihrer Beziehung und der Paardynamik auszurichten, will er nicht mitmachen: »Ich bin nicht hier, um über mich zu sprechen. Sie sind Arzt, ich bin zu Ihnen gekommen, damit Sie mir einen Hinweis geben, wie ich mich verhalten soll, wenn Luc seine Anfälle hat.«

Marc hat sich bereits zu Lucs Therapeuten gemacht. Dass er daraus sicherlich seinen Nutzen zieht, wird mir klar, als er erwähnt, dass er als kleines Kind seine Mutter verloren hat. Ich kann mir vorstellen, dass er deswegen wie alle Kinder, die ihre Eltern verloren haben, große Schuldgefühle hat. Kinder fühlen sich indirekt immer dafür verantwortlich. Für sie bedeutet es, dass sie ihre Eltern nicht genug geliebt haben oder dass sie nicht gut genug waren – sonst wären die Eltern am Leben geblieben. Wahrscheinlich muss Marc mit seinem Partner irgendetwas aus diesem Kindheitserlebnis wieder gutmachen. Als ich ihnen erklärte, dass ich ihnen nur helfen kann, wenn wir an ihrer Beziehung arbeiten, hat sich bei Marc alles dagegen gesträubt; ich habe sie nie wieder gesehen.

Wer nennt uns die Zahl der durch Hass, Gewalt und Leiden verdorbenen Leben? Heute lassen wir es nicht mehr zu, dass eine Beziehung sich in diese Extreme auswächst, und wir haben Recht. Wenn das Leben zur Hölle wird, haben wir die Möglichkeit, einen Schlussstrich zu ziehen und uns zu trennen, in Freundschaft oder Feindschaft. Was immer noch besser ist. Nehmen wir uns einfach Zeit. Zeit, allen Faktoren Rechnung zu tragen zwischen dem Hass auf den anderen und dem Selbsthass, zwischen dem Platz, den unsere Geschichte uns anweist, und der Teilnahme an Dingen, zu denen der andere uns zwingt. Die Partnerschaft zu wechseln bedeutet nicht zwangsläufig eine Veränderung. Es kann auch einfach eine weitere Wiederholung dessen bedeuten, was in unserem Leben misslungen ist, nur eben jetzt woanders.

Wenn der Tanz, den ich mit Paaren jetzt schon jahrelang vollführe, mich dazu gebracht hat, »reparierende« Positionen zu vertreten, dann nicht im Namen der Moral oder einer Rückkehr zu konservativen traditionellen Werten. Auch nicht, weil das Wohlergehen von Kindern mehr in der Kontinuität als in einem Bruch liegt. Sondern aufgrund einer schlichten Feststellung: Die Stabilität des äußeren Rahmens ist nicht gleichbedeutend mit der Beständigkeit des Individuums oder der Beziehung an sich. Im Gegenteil, gerade die Beziehung ist es, die den Raum für Entwicklung und Veränderung gibt. Wenn die Individuen es wagen, eine Beziehung zu verändern, wird die Beziehung ihrerseits die Kraft besitzen, die Individuen zu verändern. Zum Besseren.

Das Paar in seinem sozialen Universum

Außerhalb ihrer intimen privaten Beziehung existiert ein Paar auch vor den Augen der Welt. Um zu einem Paar zu werden und sich zu entwickeln, müssen die Partner von ihrer Außenwelt als Paar wahrgenommen werden. Der Schritt von der Intimität in die soziale Gemeinschaft, ein Gebilde zu werden, das von anderen als Paar anerkannt wird, ist nicht immer so leicht und einfach, wie es scheinen mag. Zumal die Außenwelt die Regeln, die Gesetze, die Kultur und Mythen vorgibt, nach denen sich entscheiden lässt, was ein Paar ausmacht und ihm zugehört und was nicht.

An der Verbindungsstelle von Privatem und sozialer Gemeinschaft

Die Beziehung zweier Liebender muss man unterscheiden von der Institution, die sie in den Augen der Außenwelt darstellen. Als Paar zu leben und dies zu erkennen zu geben stärkt das Zusammengehörigkeitsgefühl und verleiht einem Identität. Pierre existiert in den Augen der anderen nicht mehr als Pierre, sondern als Teil des Paares »Pierre und Marie« oder »Pierre und Paul«. Nicht mehr Pierre wird zum Essen eingeladen, sondern Pierre und Marie oder Pierre und Paul. Wenn Marie oder Paul an dem besagten Abend verreist sind oder keine Zeit haben, wird das Essen oft auf einen anderen Tag verschoben … Und wenn man Pierre begegnet, fragt man ihn nach Neuigkeiten von Marie oder Paul. Der Blick von außen auf Pierre hat sich geändert: Er ist kein Einzelwesen mehr. Wer weiß, ob die Singles manchmal nicht mehr darunter leiden, dass die Außenwelt ihnen nicht dieses Bild der Zugehörigkeit zu einer festen Gruppe zurückspiegelt, als unter dem Alleinsein an sich?

Die Institutionalisierung der Paarbeziehung ist ein komplexer Vorgang, weil die Partner sich auf einem Terrain bewegen, das sehr beladen ist von Bildern und Vorstellungen, und sie nicht mehr frei sind, selber über ihre Regeln zu entscheiden. Das Paarleben wird in einem Ausmaß von sozialen Regeln bestimmt, dass diese die Mechanismen der Beziehung mitbestimmen und manchmal sogar einen größeren Einfluss darauf haben als das, was das Paar selber möchte.

Während eines Gespräches beim Essen kann man beispielsweise mit der Meinung einer der Gäste ganz und gar nicht einverstanden sein und dies auch problemlos sagen. Wenn hingegen bei einem Paar der eine Partner dem anderen öffentlich widerspricht, wird diese Meinungsverschiedenheit nicht selten mit einer gewissen Kälte von den Umsitzenden aufgenommen. Die Zugehörigkeit zu einer Gruppe impliziert Solidarität, weil es ihre oberste Aufgabe ist, ihr Bestehen gegenüber der Außenwelt zu sichern. Der »Geist der Gruppe« ergibt sich aus der Einhaltung ihrer Regeln und Gesetze. Diesem Gebot kann sich auch das Paar nicht entziehen. Das Paar verleiht jedem der Partner eine zusätzliche Identität, gleichzeitig raubt es ihm jedoch seine Singularität und seine individuelle Eigenart, so dass es genauso schwierig ist, eine gegenteilige Meinung zu der seines Partners zu äußern, wie es das für Mitglieder irgendeiner anderen Gruppe ist, sei es nun eine Kirche oder eine Firma. Sobald man austritt, kann man sich gegen eine Institution auflehnen, aber nicht, solange man sich innen befindet.

Aber warum nur die negativen Aspekte an dieser Institutionalisierung sehen? Eine Norm kann auch bereichernd sein und zum Erlernen lebendiger, bewusst gewählter Regeln führen, für die jeder zugleich Garant und Schöpfer ist. Nein, das Paar wird deswegen gewiss nicht zu einer übermächtigen Institution, die jedem der Partner Regeln und Zwänge auferlegt.

Der Übergang vom Privaten zum Öffentlichen ist vor allem für Paare sehr schwierig, die etwas unkonventionell sind und für ihre Besonderheit kämpfen müssen. Wenn der Altersunterschied zwischen den Partnern beträchtlich ist, vor allem, wenn die Frau älter ist als der Mann, oder wenn sie aus sehr unterschiedlichen sozialen Schichten kommen oder wenn sie gleichgeschlechtlich sind, müssen sie nach außen hin fest zu ihrer Identität als Paar stehen, damit sie als solches anerkannt werden, zumal die Norm in allen Kulturen mehr geschätzt wird als die Ungleichheit.

Dabei stellen sich alle Paare die Frage nach ihrer »Normalität«. »Doktor, ist es normal, sich nie zu streiten?« »Wie oft haben Paare normalerweise Sex pro Woche?« Dann die Frage der Treue, der homosexuellen Lust, des natürlichen Platzes, den der eine oder andere in Patchworkfamilien einnimmt. Die immer größeren unterschiedlicheren Erwartungen von außen lassen das Individuum in einem Meer von Unsicherheit versinken. In dieser Hinsicht fällt es uns manchmal sehr schwer, uns nicht der Einfachheit halber in ein Sprachrohr von Norm und Gesetz zu verwandeln.

Das erste Kind und die Krise des Paarmodells

Da wir uns hier mit dem Paar beschäftigen und nicht mit der Familie, übergehen wir die Konflikte, die mit der Schwangerschaft verbunden sind, die frühen Eltern-Kind-Interaktionen und auch die Familiendynamik an sich. Alle in diesem Buch erzählten Geschichten schneiden diese Thematik an. Was uns hier interessiert, ist die gewaltige Veränderung, die das erste Kind für ein Paar mit sich bringt, das von einem Tag auf den anderen seinen Status als Paar verliert und zu Eltern wird.

Nach der Geburt des ersten Kindes ist nichts mehr, wie es mal war. Ab jetzt erfüllt jeder eine doppelte Rolle und muss beständig zwischen seinem Platz als Partner und dem als Elternteil hin und her wechseln, das bedeutet von einer Position der Verhandlung, der Konfrontation und der Gleichheit zu einer dem Kind gegenüber hierarchischen und komplementären Position.

Zwischen Mutter und Kind entwickelt sich in den ersten Wochen nach der Geburt bis zu dem Moment, wo der Vater seinen Platz gefunden hat, bekanntermaßen eine besonders enge Bindung. Dies setzt der Fusion des Elternpaares ein Ende. Ein extrem gewichtiges »Drittes« – selbst wenn es nicht mehr als drei Kilo wiegt – erzeugt einen Abstand, der die Paardynamik von Grund auf in Unordnung bringt. Den Pas de deux aufeinander abzustimmen ist schwierig geworden.

Anfangs teilt das Baby den Eltern traditionelle Rollen zu, die sie nicht immer freudig erfüllen wollen. Vom Paar wird althergebrachtes Verhalten gefordert: die fürsorgende Mutter, der Vater, der die Sippe beschützt. Der Wechsel von dem Modell, das das Paar bisher gelebt hat, zu dem sehr archaischen biologischen Familienmodell und schließlich wieder zurück zum ersten Modell ist nicht einfach. Gefangen zwischen Tradition und Moderne stehen die Partner vor einer »Krise des Modells«. Sie müssen ihren Platz als Mann und als Frau, als Vater und als Mutter neu definieren und ihr Gleichgewicht als Paar wiederherstellen, wenn es um die Aufteilung der elterlichen Pflichten geht (»heute Nacht bist du an der Reihe mit Aufstehen«), die jetzt in ihren Paarvertrag mit einfließen. Wenn dies nicht gelingt, kommt es zu einer Krise.

Die Krise des Modells löst eine Krise der Geschlechterzugehörigkeit aus. Männer werden heute in der Gesellschaft zunehmend für ihre weiblichen Qualitäten, für Sanftheit und Verständnisfähigkeit, geschätzt, weil sie sich um die Kinder kümmern und kochen können. Frauen achtet man für die ehemals als männlich geltenden Qualitäten wie leistungsorientiertes Auftreten und Erfolg. Nachdem diese Qualitäten nach der Geburt eines Kindes ganz in den Hintergrund gedrängt waren, melden sie sich mit Nachdruck zurück.

Das Problem liegt nicht so sehr in der gegenseitigen Anerkennung des Könnens, sondern in der Aufgabenverteilung. Das »Wissen, wer wir sind« muss den Platz freimachen für ein »Wissen, wer was macht«.[24] In gleichem Maße muss das Paar sich dem Schock stellen, den die Herkunftsfamilien auslösen, die jetzt wieder auf den Plan treten. Sie machen sich ebenso in der Vorstellungswelt beider Partner bemerkbar (»Ich will auch so eine gute Mutter sein, wie meine es gewesen ist« oder, im Gegenteil: »So wie sie werde ich es auf keinen Fall machen«) wie in der realen Welt, wenn sie sich mit um das Kind kümmern und auf es aufpassen.

Die schwierige Krise beim zweiten Kind

Mit nur einem Kind gestaltet sich die Interaktion recht einfach. Es ist Zuschauer der elterlichen Beziehung und gibt von seinen Beobachtungen spiegelbildlich etwas an seine Eltern zurück, fast wie ein Therapeut es tut. Die Eltern können im Blick des Kindes das Bild entziffern, das ihre Beziehung abgibt. Die Mutter erlebt mit, welche Beziehung der Vater zum Kind hat, und vergleicht seine Nähe zu ihm mit der zu ihr: »Warum ist er dermaßen zärtlich und verschmust mit unserem Kind und so wenig mit mir?« Auch der Vater stellt diesen Vergleich an: »Sie überhäuft das Kind mit Küssen, mich dagegen rührt sie kaum an.«

Die Ankunft des zweiten Kindes schafft eine vollkommen andere Dynamik. Bindungen in alle Richtungen existieren nebeneinander: die von jedem Elternteil zu jedem Kind, die von Kind zu Kind und die, die von den Kindern als Spiegelbild zu den Eltern zurückgeht. Jeder Partner findet hier ebenso den Widerhall der eigenen Beziehung zu Eltern, zu Brüdern oder Schwestern – wir haben gesehen, welche Bedeutung diese haben können. Das erste Kind bedeutet die Gründung eines Elternpaares, das zweite bereits die Gründung einer Familiengruppe. Für das Paar besteht jetzt die Gefahr, sich aufzulösen. Die Bindung, die sich zwischen den beiden Kindern aufgebaut hat, ist sehr intensiv und aggressiv. Das ältere ist oft eifersüchtig, was die Eltern auf die eigene Aggressivität gegenüber Geschwistern oder auch die untereinander zurückwirft. Die Geburt des zweiten Kindes ist es, die die schlimmsten Ehekrisen auslöst. Es ist auch der Moment, wo zahlreiche Paare sich um eine Therapie bemühen.

Pauline und Olivier kommen mit dem Wunsch zu mir, ihre Trennung »besser hinzubekommen«. Als ich sie empfange, merke ich aber, dass die Sache in Wirklichkeit nicht so klar ist. Sicher ist, dass Olivier »sich entschieden hat«: Er hat schon eine Wohnung gemietet, die nicht weit von zu Hause ist, damit er in der Nähe von Samuel und Lucie sein kann, die fünf und anderthalb sind. Pauline jedoch zeigt sehr viel mehr Zweifel: Mit Hilfe der Paargespräche möchte sie verstehen, was zwischen ihnen passiert ist, damit sie vielleicht neu beginnen können. »Nur um ihr einen Gefallen zu tun«, ist Olivier mit in die Therapie gekommen. Es stellt sich schnell heraus, dass die Krise nach einem Seitensprung von Pauline ausgebrochen ist, den Olivier »aus Zufall« entdeckt hat. Eine Welt ist für ihn zusammengebrochen. Der Schmerz, den ihm dieser Betrug bereitet hat, ist so heftig, dass er ihn nicht länger ertragen kann. »Ich kann verstehen, dass sie nach zehn Jahren Lust hat auf einen anderen Mann, aber dass sie es hinter meinem Rücken gemacht hat und verheimlichen wollte, das werde ich ihr nie verzeihen. Wir waren uns einig gewesen, uns immer alles zu sagen und keine Geheimnisse voreinander zu haben...« Sich immer alles sagen? Auf nichts ist weniger Verlass!

Während der Sitzung entdecken die beiden, dass sie vollkommen verschiedene Bilder von ihrer Geschichte als Paar haben. Für Pauline war die Zeit nach Samuels Geburt ein »Paradies«: Sie hatten gerade eine neue Wohnung bezogen und freuten sich wie verrückt über das Baby. Ein neues Leben voller Versprechungen lag vor ihnen. Was Olivier betrifft, erinnert er sich am liebsten an ihr Studentenleben, an eine herrliche, sorglose Zeit, in der sie ein Dachzimmerchen teilten und frei waren von jeglicher Verpflichtung. Für ihn ist die Geburt ihres ersten Kindes mit Ängsten und schwer zu tragender Verantwortung verbunden. »Nach der Geburt von Lucie habe ich mir dann gesagt, dass schon alles seinen Gang nehmen wird. Ich habe gemerkt, dass ich meine Rolle als Vater besser erfüllen kann und dass wir ein normales Familienleben führen werden.«

Pauline ist sprachlos. Für sie ist das genau der Moment, wo sie ihr Leben nur noch als Horror empfand, zumal Oliviers Vater wenige Wochen nach der Geburt ihrer Tochter starb. »Olivier hat kein Wort mehr geredet, war verschlossen, nie zufrieden. Ich durfte nicht das geringste Bedürfnis nach Liebe äußern. Wir hatten überhaupt keinen Austausch mehr. Ich bin mir hässlich, alt und einsam vorgekommen.« Ein Jahr später hat sie sich dem erstbesten Mann in die Arme geworfen, um sich selbst wieder als Frau zu fühlen. Daraufhin brach in der Beziehung das Chaos aus.

Sie reden sehr humorvoll und mit viel Selbstbeherrschung miteinander. In großem Verantwortungsbewusstsein den Kindern gegenüber können sie sich ohne irgendwelche Probleme über die Organisation ihres künftigen Lebens, über Geldfragen und über die Aufteilung der Kinderbetreuung einigen. Bei ihren tiefer liegenden Problemen haben sie jedoch die größten Schwierigkeiten. Es gibt zwischen ihnen immer noch die Verbundenheit aus ihrem glücklichen Studentendasein. Trotzdem stellt sich heraus, dass Olivier die Angst bei der Geburt ihres ersten Kindes nicht mitteilen konnte, eine Angst, die mit dem Gefühl verbunden war, seine vollkommen vom Baby beanspruchte Gefährtin zu verlieren. Pauline konnte nichts von dem zeigen, was sie empfand, als sie nach der Geburt der Tochter ihren Ehemann von morgens bis abends in Pantoffeln herumlaufen sah: ein Paterfamilias, dessen Ähnlichkeit mit Oliviers eigenem Vater in die Augen sprang. Sie konnte auch die Trauer um diesen Vater nicht mitempfinden. Olivier hat sich ganz auf seine Vaterfunktion zurückgezogen und seinen Platz als Geliebter aufgegeben.

Das Paar hat keine Möglichkeit gefunden, miteinander zu verhandeln und die Neudefinitionen vorzunehmen, die unbedingt notwendig sind für Veränderungen, die die verschiedenen Etappen eines Lebens mit sich bringen. Möglich war für sie nur die Scheidung. Heute fühlt sich Olivier zu verletzt, um etwas anderes zu erwägen. Ich habe ihnen vorgeschlagen, Paargespräche zu führen, damit sie beide die Gründe für diese Trennung besser verstehen und sich für ihre Zukunft eine positive Entwicklung ermöglichen. Eine gemeinsame Zukunft oder getrennt? Das weiß jetzt noch niemand.

Wenn die Kinder die Familie gründen – und nicht das Paar

In Familien mit Kindern aus früheren Beziehungen konstituiert sich das Paar inmitten eines »Stammes«, der es als Elternpaar legitimiert oder auch nicht. Es sind die Kinder, die den Partnern die soziale Rolle als Eltern zuerkennen und ihnen damit gleichzeitig auch die Rolle als Liebespaar ermöglichen. »Ich könnte auf keinen Fall mit jemandem zusammen sein, der (oder die) von meinen Kindern nicht akzeptiert würde.«

Diese Auffassung wird von denjenigen vertreten, die wissen, dass ohne die Zustimmung der Kinder ihre Beziehung von innen heraus gefährdet wäre. Es ist kein Geheimnis, selbst wenn es nicht ausdrücklich formuliert wird, dass Kinder ein Paar »sprengen« können, wenn sie es nicht als neue Eltern haben wollen.

Das klassische Märchen endete mit den Worten: »Dann feierten sie Hochzeit und hatten viele Kinder.« In einer heutigen Version könnte es sich so lesen: »Die Kinder lernten sich untereinander kennen und hatten viele Eltern« oder: »Die Kinder lernten sich untereinander kennen und gründeten eine Familie«!

Das Paar ist von Anfang an in der neu zusammengesetzten Familie inbegriffen. Es durchläuft weiterhin alle Phasen der Paarbildung, vor allem die Phase des leidenschaftlichen Verliebtseins, es ist aber nicht mehr mit sich allein auf der Welt.

All die Bindungen, die um diese Paare herum existieren, können es schwächen, weil sie ihnen besonders Rechnung tragen müssen; sie können die Paarbeziehung aber auch stärken – je nachdem, wie das Paar dem Druck, der von außen ausgeübt wird, standhalten kann. Angesichts der Bedrohung durch das von außen kommende »Dritte« (der Expartner, die Schwiegereltern, die Kinder des Partners) kann sich das Paar über die gemeinsame Abwehr fest zusammenschließen und seine Grenzen klarer abstecken.

Ich kann mich noch gut an meine Verblüffung bei dem ersten Paargespräch mit Marc und Alice erinnern, über die ich schon viel berichtet habe. Sie kamen, wie gesagt, wegen Problemen ihres damals achtjährigen Sohnes Julien. Was habe ich gestaunt, als ich die Tür zum Besprechungszimmer öffnete und einen in Comics vertieften Jungen sah, der von acht Eltern umgeben war! »All diese Leute, die sich nur um dich kümmern«, rief ich aus, »was hast du für ein Glück!« Tatsächlich, es haben sich freiwillig zur Sprechstunde eingefunden:

Alice, die Mutter von Julien, und der Vater von Julien mit seiner Partnerin; Marc, der Partner von Alice, Eva, die Expartnerin von Marc, und ihr Mann (Marc und Eva haben einen gemeinsamen Sohn in Juliens Alter, der bei seinem Vater lebt); und schließlich Juliens Großeltern väterlicherseits. All diese Leute haben sich rund um Juliens Probleme versammelt. Als Dirigent am Pult dieser Patchworkfamilie litt Julien besonders darunter, dieses ganze Gebäude auf seinen schmalen Schultern tragen zu müssen. Wie schon oben beschrieben, mündeten diese Gespräche sehr schnell in eine Paartherapie von Marc und Alice. Es gelang diesem »neuen Paar« schließlich, sich aus einer konfliktträchtigen Dynamik zu lösen, die »dank« Juliens Probleme immer größer geworden war.

Treue oder sexuelle Freizügigkeit?

Oft verkörpert sich der berühmte »Dritte« für ein Paar in einer außerehelichen Beziehung. In der Mehrzahl der Fälle gehen Paare wegen eines Seitensprungs oder einer Affäre zu einem Paartherapeuten. Grundsätzlich bemüht dieser sich um eine neutrale Position, um dem Paar allein die Entscheidung zu überlassen, ob es zusammenbleiben oder sich trennen will. Aufgrund der emotional aufgeheizten Atmosphäre, die in den Sitzungen grundsätzlich vorherrscht, ist es nicht einfach, die zurückhaltende Position beizubehalten, wobei noch hinzukommt, dass beide Partner darauf beharren, meine Meinung als Therapeut zum Thema Treue zu hören: ob sie in einer Partnerschaft wichtig sei oder nicht, und damit versuchen, mich auf ihre Seite zu ziehen.

Umso erstaunter war ich, als eines Tages eine hübsche junge Frau, flankiert von ihrem Ehemann und ihrem Geliebten, für ein Erstgespräch in die Praxis kam, alle drei mit den Nerven am Ende und kurz davor, in den Boxring zu steigen!

Bei der Durchsicht der psychotherapeutischen Literatur kann man nur staunen, wie sich der Standpunkt der Therapeuten über die Jahre hin verändert hat.[25] Noch vor wenigen Jahren hätte man bei jemandem, der zu einer festen und dauerhaften Beziehung unfähig ist und sich in Affären und Abenteuer stürzt, schnell eine neurotische Bindungsunfähigkeit vermutet, oder Angst vor Nähe oder Perversität oder gar Phallusfixiertheit. Und in seiner Geschichte nach entsprechenden Elementen geforscht.

Heute würde sich eine fast gegenteilige Tendenz abzeichnen: Die Forderung nach Treue wäre Ausdruck einer Neurose, von Eifersucht, würde von nicht verarbeiteten infantilen Wünschen nach Abhängigkeit zeugen, von Trennungsangst, von Besitzansprüchen… oder auch von einer Phallusfixiertheit, was natürlich eine psychotherapeutische Behandlung erforderlich machen würde!

Der Ansatz des Therapeuten heißt folglich Abgrenzung. All diese Ebenen, wo die Analyse ansetzt, sind richtig und hängen miteinander zusammen, und eine intime Kenntnis ihrer selbst ist genauso lebenswichtig wie die Vertrautheit und Nähe eines Paares oder einer Familie. Eine Behandlung im Rahmen einer Paartherapie vorzuschlagen drückt implizit aus, dass das Paar ein wertvolles und zerbrechliches Gebilde ist, eine vollwertige Einheit, die eine bestimmte Achtsamkeit verlangt. Wenn Sie bedacht mit ihr umgehen, wird sie weiterhin zu Ihrer persönlichen Bereicherung und inneren Ruhe beitragen. Die Aufgabe des Paares lautet, immer darauf zu achten, dass das Prinzip der Abgrenzung zur Anwendung kommt und respektiert wird, sei es gegenüber dem Partner, der mehr persönliche Freiheit für sich verlangt, wie auch gegenüber den Forderungen der Eltern, Kinder, Expartner, Freunde, Kollegen etc.

Die Experimente des Kommunelebens in den 1970er Jahren waren Thema der Literatur, psychoanalytischer Abhandlungen, verschiedenster Essays und Aufsätze. Auch das Kino hat sich damals sehr davon inspirieren lassen. Heute muss man konstatieren, dass die Liebesverhältnisse zu dritt oder viert oder mehr zwar den Mythos der sexuellen Befreiung befördert haben, dass das Ganze als Modell jedoch gescheitert ist. Was man seither oft beobachten kann, sind die fest etablierten Dreiecke mit dem Ehemann, der Frau und ihrem Geliebten oder dem Ehemann, seiner Geliebten und der Frau, wenn es nicht gleich der Ehemann, sein Geliebter und seine Frau beziehungsweise der Ehemann, seine Frau und ihre Geliebte sind.

Es ist außergewöhnlich, dass die Position jedes Beteiligten an diesen Dreiecksgeschichten klar umrissen ist. Ich hatte einen Klienten, der mit einer Frau und einem Mann zusammenlebte. Wie es schien, hatte jeder in diesem Trio sein Terrain abstecken können. Dennoch war viel die Rede von der Energie, die es täglich kostete, das Dreierverhältnis am Laufen zu halten. Der Klient und seine Partnerin hatten jüngst ein Kind adoptiert, und es gestaltete sich schwierig, die Rolle und den Platz, den jeder dem Kind gegenüber einnehmen sollte, zu definieren. Eine solche Situation erfordert ohne Zweifel sehr viel Kreativität, Offenheit und ein ständiges Überdenken der Beziehungen.

In den meisten Fällen von Untreue ist der oder die Geliebte der »Dritte«, bei dem alle Spannungen und Unzufriedenheiten in der Beziehung ihr Ventil finden. Ich persönlich habe noch kein Paar erlebt, das sich in Dreiecksverhältnissen einigermaßen befriedigend hätte einrichten können. Bei manchen funktioniert es, wenn einer der beiden aus familiären oder gesellschaftlichen Gründen die Augen vor dem Dritten verschließt, aber das wird immer als ein Härtetest erlebt.

Die heutige Zeit fordert zur außerehelichen Sexualität geradezu auf. Täglich sieht man mehr Paare, die nach größerer sexueller Befriedigung suchen und Partnertausch praktizieren oder sich ein bestimmtes Maß an Untreue zugestehen, solange diese nicht mit Gefühlen verbunden ist. Meine Einstellung zu rein sexuellen Beziehungen, ohne emotionales Engagement, ist ziemlich zurückhaltend. Diese Beschränkung vergrößert nur das Bedürfnis nach dem, was man woanders sucht. Wenn es schon sein muss und man sich außereheliche Abenteuer erlaubt, dann sollte man sie sich wirklich erlauben und sie voll und ganz ausleben.

Um nicht irgendwann ein lebendes Fossil zu sein, muss sich der Zweierbund seine Entwicklungsmöglichkeiten bewahren. Dies erfordert viel Intelligenz, Sensibilität und Kreativität. Sonst besteht die Gefahr, dass die Beziehung irgendwann rein aufgrund gesellschaftlicher Konvention besteht oder sie zu einem Bruder-Schwester-Verhältnis wird und jede Möglichkeit von Austausch und Intimität verloren geht. Es genügt, wenn beide Partner sich sicher sind, dass sie sich ihr Paar genau so vorstellen, und wenn die Definition der Beziehung einvernehmlich und klar ist. Der implizite oder explizite Wunsch an den anderen wird folglich keinerlei Unzufriedenheiten heraufbeschwören. Bleibt das Risiko, dass es bei der ersten leidenschaftlicheren Begegnung mit jemandem dazu kommt, dass das Paar sich trennt, aber dieses Risiko ist immer da.

Wenngleich mir eine schlüssige Definition der Beziehung grundlegend erscheint, bedeutet das keineswegs, dass es notwendig ist, sich alles zu erzählen. Die Erfahrung lehrt, dass das Paar nichts dabei zu gewinnen hat, wenn die Partner sich gegenseitig ihre sexuellen Abenteuer anvertrauen. Wenn man sich eine bestimmte Untreue erlauben will, ist es nicht unbedingt förderlich, mit allen Details aufzuwarten. Die Lobrede auf die rückhaltlose Offenheit, in deren Namen man mit dem »Geständnis« die Untreue ungeschehen machen würde, kann zu einem Fallstrick für das Paar werden. Es liegt nämlich eine gewisse Perversion in der Situation. Wie dem auch sei – man wird zum Voyeur eines fremden Verhältnisses, was man als aufregend empfindet, was einen gleichzeitig jedoch abstößt.

Sexualität wird in der Therapie mit Paaren in der Regel dann zum Thema, wenn einer der Partner sexuell unbefriedigt ist oder »mechanische« Probleme hat (Frigidität, vorzeitige Ejakulation, temporäre oder auch dauerhafte Impotenz). Das Sprechen über diese Probleme kommt oft der Frage nach dem Huhn und dem Ei gleich. Ich stelle Paaren gerne die Frage: »Glauben Sie, dass Ihre sexuellen Schwierigkeiten Sie voneinander entfernt haben, oder umgekehrt, dass Sie sich voneinander entfernt haben und sich dies auf Ihr Sexualleben ausgewirkt hat?« Es muss nicht unbedingt eine Antwort auf diese Frage geben und auch kein Kausalzusammenhang hergestellt werden, aber das Nachdenken darüber gibt eine Vorstellung davon, welche Möglichkeiten zur »Reparatur« für das Paar in Frage kommen. Wenn die Antwort lautet, dass man sich zuerst entfernt hat und dann die sexuellen Probleme entstanden, ist die weitere therapeutische Vorgehensweise vergleichsweise einfach. Wenn es hingegen umgekehrt ist und ein objektives sexuelles Problem besteht (»er hat eine zu frühe Ejakulation«, »er kann mich nicht zum Orgasmus bringen«), dann vermittle ich diese Paare lieber an einen Sexologen, der ihnen Rat geben kann und sie zu Körperübungen anleitet, was weder in meinem Arbeitsgebiet noch in meiner Kompetenz liegt.

In den meisten Fällen ist es nicht das Fehlen von Sexualität, das ein Paar in Gefahr bringt, sondern keine oder zu wenig Intimität zu zweit.

Diese Frage der Intimität tauchte sehr deutlich in einer Sitzung mit Julie und Michèle auf. Michèle beklagt sich sehr über die aufdringliche Präsenz von Julies Ex-Freundin Mathilde, die seit der Trennung von Julie ohne Partnerin ist und sich an sie angehängt hat und sie überallhin begleitet, um nicht einsam zu sein. In Michèles Überdruss liegt keinerlei Eifersucht auf Mathilde, es ist einfach die Wut darüber, dass Julie ihr Bedürfnis nach Zweisamkeit nicht versteht. Im Namen ihrer Homosexualität erkennt sie dieses Bedürfnis tatsächlich nicht einmal an: »Wir sind kein heterosexuelles Paar mit Kind, ich sehe nicht ein, warum wir dieses Bild des netten Paares abgeben sollen, das sich selbst genügt und vom Rest der Welt abkapselt.« Außerdem sieht Julie sich in einem Loyalitätskonflikt Mathilde gegenüber, da sie aufgrund der für Mathilde sehr schmerzhaften Trennung Schuldgefühle hat. Julie und Michèle haben beide eine sehr unterschiedliche Vorstellung vom Paar. Das Bild von Michèle ist wesentlich »geschlossener« als Julies. Diese Unterschiede hängen eindeutig mit ihrer Lebensgeschichte zusammen. Michèles Eltern haben sich scheiden lassen, als sie noch klein war. Während ihrer ganzen Kindheit war sie hin und her gerissen zwischen ihrer Mutter und ihrem Vater, so dass sie nichts sehnlicher wünscht, als ein ideales harmonisches Paar zu bilden. Julie hingegen kommt aus einer eher heilen Familie. Als Jugendliche hat sie für die Rechte der Frauen und der Homosexuellen gekämpft. Sie misstraut dem Paar und sieht darin eher ein Instrument zur Unterdrückung als zur persönlichen Entfaltung. Alles, was sie an die traditionellen Vorstellungen von Ehe erinnert, macht ihr Angst. Sie kämpft gegen dieses Gefangensein an, indem sie Freundinnen nach Hause einlädt, viel ausgeht und lieber mit anderen in einer Gruppe leben möchte als zu zweit.

Bei Julie ist es die Gruppe, die über die Paarbildung bestimmt. Michèle aber will als das »Idealpaar« leben, das ihre Eltern niemals waren. Welchen intimen Raum könnten sie sich als Paar schaffen? Genau darum geht es bei ihren täglichen Konfrontationen eigentlich. Wenn sie den Raum einmal gemeinsam abgesteckt haben, werden sie Regeln für ihre Paarbeziehung finden müssen. Derzeit klingen sie fast wie mathematische Formeln. Michèle sagt zum Beispiel: »Ich kann nicht drei Abende hintereinander ausgehen, das strengt mich zu sehr an, jedenfalls muss ich am vierten Abend dann zu Hause bleiben, mehr schaffe ich nicht.« Julie sagt genau das Gegenteil: »Wenn wir mehr als drei Abende hintereinander zu Hause bleiben, werde ich verrückt. Ich fühle mich dann wie in einem Käfig, ich muss raus und meine Freundinnen treffen.« Man könnte sich vorstellen, dass Julie immer mal wieder ausgeht und Freundinnen trifft, während die eher häusliche Michèle, die gerne liest oder fernsieht, unbesorgt zu Hause bleibt. Das jedoch ist nicht machbar, weil Michèle Angst hat. Bei der Vorstellung, dass Julie enge Beziehungen zu anderen haben könnte, fühlt sie sich schlichtweg bedroht. Das Liebesleben von Michèle und Julie ist nicht sehr intensiv. Ihre Beziehung baut nicht auf Sexualität auf, sondern auf einer sozialen Definition: »Wir bilden eine Familie/ ein Paar.« Was sie unter Treue verstehen, ist gefühlsmäßig begründet und sehr schwer zu definieren. Julie ist mit Mathilde sehr vertraut und eng verbunden: Sie lachen viel gemeinsam und vertrauen sich ihre geheimsten Gedanken an. Wie lässt sich diese Beziehung von der absetzen, die sie mit Michèle hat, da es bei diesem Paar ja nicht die Sexualität ist, die das Band stiftet? Die meisten Paare, ob sie nun homosexuell oder heterosexuell sind, fühlen sich eher durch einen Verrat an Intimität bedroht als durch sexuelle Untreue. »Wenn er mich mit einer anderen betrügt, ist das nicht so schlimm. Schlimm wäre es, wenn er mit ihr eine enge Vertrautheit hätte, die er mit mir nicht kennt.« Ich glaube allerdings, dass es sehr bereichernd sein könnte, nach außen starke und intime Bindungen zu haben, seien sie sexuell oder nicht, wenn das Paar das für sich zuließe.

Meine Arbeit hat darin bestanden, Michèle bewusst werden zu lassen, dass sie durch ihr Verhalten genau das provoziert, wovor sie sich fürchtet. Sie machte es Julie tatsächlich unmöglich, sich ihr anzuvertrauen, und zwang sie dazu, ihre sehr intensiven Bindungen, die sie zu Mathilde oder anderen hat, heimlich zu pflegen, um Michèle nicht zu verletzen. Es kommt häufig vor, dass der eine Partner das Vergnügen, das der andere außerhalb des Paares findet, als Verlust für sich selbst empfindet. Eine meiner Klientinnen fühlte sich bedroht durch den Spaß, den ihr Partner samstags am Rugbyspielen mit seinen Freunden hatte. Sie sagte sich, dass er sich mit ihnen wohler fühle als mit ihr. Dabei hat er ihr nichts genommen. Solche Interpretationen müssen als Alarmsignal gewertet werden. Man muss die Stoßrichtung umkehren und verstehen, dass der Spaß außerhalb dem Paar nur zugute kommen kann. Man muss die Zweierbeziehung in Ruhe leben und sich nicht immer auf alles Mögliche gefasst machen.

Geschlechterunterschiede und ein neuer Code für das Zusammenleben

»Finden Sie das normal, Herr Doktor, dass ich mich nach einem langen Arbeitstag beim Einkaufen abhetzen muss, kochen muss, mich um die Kinder kümmere und die nächsten Ferien organisiere, und währenddessen sitzt Monsieur bequem im Sessel und liest seine Zeitung?«

»Es ist schrecklich, immer muss sie alles bestimmen, die Farbe für die Wände, das Restaurant, in das wir gehen, die Freunde, die wir einladen ... Sowie ich meine Meinung dazu äußern will, werde ich als der Macho behandelt und auf meinen Platz zurückgeschickt ... Versuchen Sie ihr begreiflich zu machen, dass das nicht mehr lange so weitergehen kann.«

Paare haben kein gültiges Vorbild mehr, kein Modell, das ihnen vorgibt, wie man leben und sich verhalten soll. Fast täglich müssen sie die Regeln für ihr Leben zu zweit neu fassen, als würde jeder seine Identität und sein Überleben ins Spiel bringen, wenn es um die Frage geht, wer den Abwasch macht! Der neue soziale Code verlangt von den Männern, ihre weiblichen Anteile anzunehmen, und das Gleiche gilt umgekehrt für die Frauen. Alles muss wieder neu erfunden werden, und das ist nicht so einfach. Um ein Bild zu finden, das nicht stereotyp ist, müssen die traditionellen Vorgaben verworfen werden, das ist mühsam. All diese Fragen rund um die Identität sollten nicht allein auf der Paarbeziehung lasten.

Hinter der banalen täglichen Frage, wer die Spülmaschine einräumt, zeichnet sich eine normative Frage nach der Rolle und dem Platz eines jeden ab. Was ist es, was sie außer ihrer Anatomie unterscheidet? Männer und Frauen sind sicherlich nicht austauschbar. Aber der Platz, wo Autorität angesiedelt ist, ist nicht mehr derselbe. Autorität in einem abstrakten, universellen Sinne ist im Grunde die Verkörperung dessen, was unter die Kategorie des Maskulinen fallen würde, sie ist aber gleichermaßen auf beide Geschlechter verteilt. Was nicht heißen soll, dass der Mann die Frau ist und umgekehrt! Die Paarbeziehung ist schlicht tief davon erschüttert.

Welche Regeln und Normen sollen jenseits von traditionellen Rollenklischees für die Herstellung von Komplementarität Gültigkeit haben, was könnte einem alles einfallen für die Aufgabenteilung, für den Umgang mit Konflikten, für die Art und Weise des Sexuallebens? Die traditionelle Rollenzuschreibung bewirkt in den meisten Fällen eigentlich nur, dass sie eine Reflexion über die individuelle Dynamik jedes Paares, über die Regeln und die Aufgabenverteilung in der Beziehung vernebelt.

»Ich hatte wie alle Jungs in meinem Alter eine wunderschöne Kindheit und Jugend. Schon im Kindergarten und dann in der Schule habe ich bestimmte Freunde heiß und innig geliebt. Wenn ich nach Hause kam, zogen meine Eltern mich liebend gerne auf: ›Erzähl, in wen bist du heute verliebt, in Louis oder in Samuel?‹ Abends, wenn meine Mutter mich ins Bett brachte, las sie mir meine Lieblingsmärchen vor. Von einem Prinzen träumte ich auch damals schon, und meine Mutter versicherte mir: ›Auch zu dir wird einmal ein schöner Prinz kommen und dich mit in sein Zauberschloss nehmen.‹«

»Als Junge schielte ich im Schwimmbad in der Umkleidekabine wie ein Bekloppter auf die Beine von Simon. Alle aus unserer Gruppe, Jungs und Mädchen, feuerten mich an: ›Los, sprich ihn an, er wartet doch nur drauf.‹ So begann meine erste Liebe, wir waren unzertrennlich, küssten und umarmten uns den ganzen Tag und gingen Hand in Hand durch die Schule. Die Lehrer nannten uns liebevoll ›Romeo und Tristan‹.«

Haben Sie solche Geschichten schon gehört? Wohl kaum. Dennoch vernehme ich seit mehr als fünfzehn Jahren Geschichten von Homosexualität, die unweigerlich auf entscheidende Wendepunkte in der Kindheit verweisen. Selbst diejenigen, die sehr gefestigt in ihrer Identität sind, stolz auf sie sind und sich geoutet haben, kennen von früher Heimlichkeit, Scham und Verstellung.

Es hängt mit dem Werden und Entstehen des Seelenlebens zusammen, dass Depressionen und Paarprobleme unter Homosexuellen so stark vertreten sind. Wie ist das homosexuelle Verlangen von Beginn der frühen Kindheit an wahrgenommen worden und wie ist man selbst und die Umgebung damit umgegangen? Welche Kraft hat es aufgrund der herrschenden Homophobie erfordert, um im Alltag, auf der Schnittstelle von privat und öffentlich, als Paar leben zu können und der Familie, Nachbarn und Kollegen entgegenzutreten?

Die meisten Schwulen haben ein sehr frühzeitiges Bewusstsein davon, dass sie sich im Kreis von Familie und Freunden unterscheiden und dass dies nicht toleriert wird. Damit entsteht für sie alle der Konflikt: sich verstellen oder abgelehnt werden? Das, was verleugnet werden würde, beschränkt sich nicht auf sexuelle Vorstellungswelten. Es ist ein ganzer Bereich an Empfindungen, Gefühlen und Wünschen, den nicht einmal sie selbst anerkennen, weil sie ihn nicht teilen und damit zur Geltung bringen können. Ihre Liebesfähigkeit steht in Gefahr zu verkümmern.

Viele sind dazu übergegangen, sich zweizuteilen und maskiert zu fühlen. Schnell erwerben sie sich eine wunderbare Ironie, sich selbst gegenüber wie der Welt im Allgemeinen. Zur Identifikation mit dem Aggressor ist es immer nur ein Schritt. Dass die Schwulen sich selbst keineswegs mit Samthandschuhen anfassen, liegt daran, dass sie durch jahrelange Übung zu Meistern dieses Fachs geworden sind. Die meisten machen eine Zeit tiefster innerer Erschütterung durch – und sei es nur wenige Jahre –, in der sie die Scham vor sich selbst verinnerlichen und negative Gefühle kultivieren.

Ich habe im Austausch mit meinen Kollegen oft feststellen müssen, das die Psycho-Zunft den Folgen der Verinnerlichung sozialer Unterdrückung nicht genügend Rechnung trägt. Sie tendiert dazu, ihre Aufmerksamkeit mehr auf die individuellen Projektionen zu richten und die Scham vor sich selbst im Zusammenhang mit der frühen Beziehung zu den Elternfiguren zu interpretieren.[26] Wenn man seine Aufmerksamkeit darauf richtet, kommt diese Frage der sozialen Scham in Therapien jedoch sehr schnell zur Sprache, selbst bei denen, die meinen, sie hätten dies schon lange für sich geregelt. Sie mögen es für ihr soziales Leben im Griff haben, psychisch jedoch nicht. Es auszusprechen erlaubt ihnen zu zeigen, wie sehr diese heimtückischen Mechanismen der Scham, der Zurückweisung und der Verstellung doch noch wirksam sind und unbemerkt ihr gegenwärtiges Leben belasten.

François und Jean-Baptiste sind seit fünfzehn Jahren ein festes Paar, das in eheähnlicher Gemeinschaft lebt. Sie arbeiten in der Werbung beziehungsweise in einer Kunstgalerie, wohnen im Pariser Viertel Marais, sind organisiert in der Homosexuellenbewegung – kurz, sie verkörpern das typische Schwulenpaar, das offensiv zu seiner Entscheidung und seiner Identität steht. Sie haben zahlreiche Freunde, gehen viel aus, und ihr Sexualleben ist insofern stabil, als sie beide vor etwaiger Untreue des anderen die Augen verschließen, solange es die Gefühlslage ihrer Beziehung nicht in Gefahr bringt. François jedoch trinkt übermäßig und konsumiert mit zu großer Lässigkeit Partydrogen. Oft hat er rasende Wutausbrüche, die er nicht mehr kontrollieren kann. Der verzweifelte Jean-Baptiste hat seinen Freund nach dessen drittem Selbstmordversuch am Kragen gepackt und zu mir gebracht, um zu versuchen, diesen Tiefpunkt zu überwinden. François, der gerade erst von den Ärzten ins Leben zurückgeholt worden ist, verkündet voller Humor und Selbstironie: »Was wollen Sie, Doktor, ich bin doch nur eine arme Cosette [Figur aus Victor Hugos ›Die Elenden‹: Die kleine Cosette, Kind einer Prostituierten, wird gefördert und entwickelt sich zu einer angesehenen Person der Gesellschaft]!« Er lacht über das, was geschehen ist: »Zu viel Alkohol, zu viel Ecstasy«, und versucht so – allerdings vergeblich – seinen Freund zu beruhigen.

Jean-Baptiste, der von Schuldgefühlen gepeinigt wird, spürt trotz der Versuche von François, alles herunterzuspielen, dass der Selbstmordversuch mit einer seiner letzten Affären zu tun hatte, die einen immer größeren Platz in seinem

Leben einzunehmen begann. Hinzufügen sollte man noch, dass Jean-Baptiste seit jeher eine sehr enge Bindung an seine Eltern und seine Geschwister hat und seine Familie François als einen der Ihren aufgenommen hat, während François selbst aus seiner familiären Umgebung buchstäblich verjagt wurde, als er sich zu seiner Homosexualität bekannte.

Was nicht ausgesprochen werden kann, drückt sich in Taten aus. In diesem Fall war es ein Selbstmordversuch. Die Tatsache, dass die Selbstmordrate bei jungen Homosexuellen Rekordhöhen erreicht hat, ist darauf zurückzuführen, dass man durch diese Tat aus seiner Tarnung herauskommen kann: endlich darüber sprechen, Papa und Mama davon erzählen, angeschlossen an eine Infusion in der nüchternen Atmosphäre einer Intensivstation. Wie oft habe ich solche traurigen Geschichten gehört. Es gleicht einem Übergangsritus – dem Öffnen einer Tür in eine erwachsene geschlechtliche Welt –, der die ganze in der Kindheit aufgetürmte Scham austreiben soll.

Angesichts eines möglichen Bruchs mit Jean-Baptiste kommen bei François die frühen Mechanismen der Verinnerlichung von sozialer Ablehnung wieder in Gang. Bei vielen Paaren, die leiden, ruft die Erfahrung einer drohenden Trennung oder eines Verlusts nicht verarbeitete Zerwürfnisse der Vergangenheit wach.

Stolz zu empfinden auf alle Aspekte seiner Psyche und seines Gefühlslebens ist für niemanden eine Kleinigkeit. Während der zwei Jahre dauernden Therapie ist es der Ruhe und Kraft seines Freundes zu verdanken, dass François Wege findet und Methoden erlernt, die notwendig sind, um sich selbst zu festigen.

Der Geschlechterunterschied, der gerne als Folie für tiefer liegende Unterschiede betrachtet wird, ist weder notwendig noch geeignet, um ein tatsächliches Anderssein zu etablieren. Homosexuelle Paare nehmen sich offensichtlich von den neuen Paarkonzepten nicht aus, und all die berechtigten Forderungen im Zusammenhang mit der Anerkennung der eingetragenen Lebenspartnerschaft gehen weit über die juristische und ökonomische Gleichstellung hinaus. Der Wunsch, als Paar eine feste Gemeinschaft zu bilden, ist nicht länger das Erbrecht heterosexueller Paare.

Durch mein Engagement für Aids-Infizierte habe ich mich mit Männern konfrontiert gesehen, deren Kräfte am Ende waren und deren einzige Zuflucht manchmal eine von Familie und Gesellschaft geächtete Liebesbeziehung war.[27] Als Folge der zahlreichen Todesfälle wurden die Rufe nach Eheschließung zwischen Homosexuellen mit allen Rechten und Pflichten schließlich immer drängender. Der vereinten Attacke aus Krankheit und Homophobie die Macht der legalen Institution Ehe gegenüberzustellen schien mir in jeder Hinsicht angeraten.

Später kamen auch andere homosexuelle Paare, Männer wie Frauen, zu mir und suchten Hilfe in existenziellen Fragen und Sinnkrisen. Sie waren sicher, dass sie mit ihren Anliegen gut aufgenommen werden würden.

Über das Funktionieren dieser Paare ist bisher nicht viel geschrieben worden. Vorschnell hat man diese Beziehungen als »narzisstisch«, als »spiegelverkehrt« eingeordnet. Wenn wir uns mit ihren Fragestellungen auseinander setzen, befinden wir uns aber im Gegenteil mitten im Anderssein.

Paartherapien, die sich aus der Schule der Psychoanalyse herleiten, reflektieren hauptsächlich auf diesen »kleinen anatomischen Unterschied«, der ihrer Ansicht nach den Ausschlag gibt bei dem Verlangen nach Ganzheit und dem Streben nach Komplementarität. Vielleicht ist er doch nicht ganz so wichtig wie in der Theorie behauptet! Denn für alle Paare geht es darum, den gleichen langsamen Walzer zur Melodie aus Hoffnungen, Ängsten und Zwängen zu tanzen, die sich alle gleichen.

Schluss

Liebe ist mehr ein soziales Konstrukt denn eine Gabe der Natur, und die Liebesheirat ist eine noch junge Erfindung. Bis zum Zweiten Weltkrieg gab es entweder Mussehen oder Vernunftehen, wobei die Zeremonie der Hochzeit als solche eine Aufforderung an die Brautleute war, einander zu lieben.

Auf dem Weg von der Heirat mit Liebe als Dreingabe bis zur Heirat aus Liebe ist das Paar zum Himmelsschlüssel für die Identitätsfindung aufgestiegen. Die feste Paarbeziehung, einschließlich der gleichgeschlechtlichen, ist ins Zentrum des Prozesses der Selbstfindung gerückt. Die nie abgeschlossene Suche nach sich selbst verlangt nämlich eine ständige Überprüfung und Neudefinition, die mittels der affektiven Umgebung stattfindet. Aufgrund dieser Forderung an die Beziehung erhält sie eine Dimension, die ich in dem Sinne als »therapeutisch« bezeichne, als sie immer um eine Lösung für diesen Konflikt aus dem Widerstreit zwischen »innen« und »außen« bemüht ist. Das Bild, das wir vom Paar haben, ist jedoch Opfer seines eigenen Erfolgs: unsere ganze Hoffnung auf persönliches Glück hängt an diesem »zarten Glied in der Kette«, an dem unsere heutige destabilisierte Gesellschaft zerrt – Freiheitsrausch, Abhängigkeiten, maßlose Ichbezogenheit, Verdinglichung der sensorischen Fülle des Empfindens, vor allem in der Sexualität, das Verschwinden der Unterschiede zwischen Mann und Frau … im Wettstreit miteinander nagt es an dem, was wir mit Hingabe anbeten.

Das Ideal der absoluten Liebe, eine sehr romantische Vorstellung, befindet sich jetzt auf dem Prüfstand. Die idealisierte, puritanische Vision der 1950er Jahre postulierte eine totale Fusion mit dem anderen und unverbrüchliche Treue. Sowie es zu einer unvermeidlichen Veränderung des einen oder des anderen Partners oder nur zur ersten Andeutung von Untreue kam, war das Paar in Gefahr, und es erschien das Gespenst der Trennung. Dieses Ideal wurde alsdann an den Erfordernissen der modernen Zeit aufgerieben: für sich selbst da sein, autonom sein, dazu ein wachsendes Bedürfnis, sich sexuell auszuleben – dies alles stellte die monogame Lebensweise ins Licht eines faulen Kompromisses.

Wir sind tatsächlich eingeklemmt zwischen zwei unterschiedlichen Mythologien, zwei Vorstellungswelten: zwischen dem Traum vom Märchenprinzen und dem gleichzeitigen Wissen, dass man ihn nicht länger als vierundzwanzig Stunden am Stück ertragen würde! Der Graben, der sich zwischen diesen beiden Bildern auftut, der einzigen wahren Liebe aus dem Märchenbuch und den drückenden Forderungen des Individualismus, führt bei der Mehrzahl der Paare zu Beziehungskrisen und Trennungen. Diese Trennungen, deren Zahl sich spürbar erhöht, verursachen Identitätskrisen, Ängste und Depressionen und erschaffen eine neue Landschaft aus Eineltern- oder Patchworkfamilien.

Damit wir uns verstehen: Nichts zwingt einen dazu, aus Rücksicht auf gesellschaftliche Konventionen oder Pflichtgefühl gegenüber Kindern zusammenzubleiben. Das ist gut so. Trotzdem sollten wir einfach versuchen, das Kind nicht mit dem Bade auszuschütten. Die feste Paarbeziehung, die Ehe verdient mehr Achtung als ein Verhältnis, das man beim ersten Alarmsignal beendet, wobei gerade die Herausforderung einer gemeinsamen Weiterentwicklung sich als bereichernd herausstellen kann, sofern man die Stolpersteine – nämlich unsere eigenen paradoxen Vorstellungen – wachsam im Auge behält.

Heute ist nicht mehr die Rede von einer teilweisen Selbstaufgabe in der Beziehung zum anderen, sondern im Gegenteil davon, die Möglichkeit wahrzunehmen, dass diese Beziehung einen Zuwachs an Identität bedeuten kann. Neue Vorstellungen fließen in unser Selbstbild ein und lassen ein

Individuum mit vielerlei verschiedenen Facetten aufscheinen. Warum sich entscheiden zwischen einem Dasein als rundum erfüllte Familienmutter oder Berufstätige, die mit Pauken und Trompeten Karriere macht, oder als Verführerin, der alle Männer zu Füßen liegen, oder als untadelige Gefährtin, die ihrem Partner hilft und beisteht? Es geht darum, dies alles gleichzeitig zu sein und die Widersprüche, die sich daraus ergeben, zu akzeptieren. Vor allem aber geht es darum, mit diesen verschiedenen Facetten zu spielen, die nicht mehr, aber auch nicht weniger sind als der Ausdruck einer festen und stabilen Identität.

Begünstigt wird diese Suche nach mehrdimensionaler Identität durch Anonymisierung, Verstädterung und schwindende soziale Kontrolle durch die Nachbarschaft. Man gehört unterschiedlichen sozialen, familiären und beruflichen Gruppen an, die uns jeweils eine andere Facette unseres Selbst erleben lassen. Das ist der Preis für das Gefühl, frei zu sein.

Aus dieser Sicht ergibt sich, dass jedes Paar seinen eigenen Ehevertrag ausarbeiten muss, was eine sicherlich mühsame, aber umso spannendere Aufgabe ist! Alles zwischen Abhängigkeit und Autonomie, zwischen Verschmelzung und Freiheit ist denkbar. Das »weder mit dir noch ohne dich«, von dem der Hass aufeinander durchtränkt ist, wenn Paare aus neurotischen Gründen oder aus Konvention gezwungenermaßen zusammenbleiben, macht einem »mit dir und ohne dich« Platz, dem neuen Modell für das Zusammenleben.

Der Wunsch nach Autonomie, nach individueller Beschäftigung und eigenen sozialen Beziehungen ist für das Paar dann keine Bedrohung mehr: Was den einen Partner bereichert, kann die Beziehung bereichern und damit auch den anderen. Alles, was von außen hinzukommt, stellt nicht länger eine Gefahr dar für das Ideal der Verschmelzung, sondern bedeutet einen Zuwachs an Paaridentität: allein in Urlaub fahren, mit Freunden ausgehen, ins Theater gehen oder auch, wenn man das gemeinsame Wohnen oder sexuelle Treue zur Diskussion stellt. Es gibt alle Arten von Paarmodellen, und sie alle können ein Quell von Kreativität sein. Dies schließt jedoch ein, dass, sobald der eine sich in seiner Identität weiterentwickelt, auch der andere die Art der Beziehung überdenken muss; jeder muss dem Rhythmus der Veränderung des anderen folgen. Ohne diese Arbeit einer ständigen Neudefinition kann es in der Beziehung keinen Spielraum für die verschiedensten Entwicklungen geben. Wenn das Paar zur Entwicklung eines gereiften Ich beitragen kann, so trägt es in besonderem Maße zu dem Gefühl von Ganzheit und Dauerhaftigkeit bei und ist Garant einer stabilen Identität.

Aber Vorsicht: Das Bestreben, angesichts der in der Paardynamik so wichtigen Machtfrage, die ihre »natürliche Heimstätte« verlassen hat, immer »ein bisschen gleicher zu sein als der andere«, zwingt dem Paar fortgesetzte Verhandlungen auf, die unsere Protagonisten schließlich vollkommen erschöpfen können. Macht konzentriert sich vornehmlich dort, wo sie es in den meisten Gruppen tut: in der Ausarbeitung von Regeln und Gesetzen, die das Zusammenleben organisieren. Der Paartanz verläuft synkopisch: Wer gibt den Rhythmus und das Tempo vor, wer wählt die Musik und die Schrittfolgen? Seien wir auf der Hut und lassen wir es nicht dazu kommen, dass als letzter Ausweg das entscheidende Machtmittel zum Einsatz kommt, das ein Individuum gegenüber dem anderen hat – die Macht, den Tanz zu beenden. Und die Beziehung zu zerstören.

Danksagung

Zuallererst möchte ich Isabelle Seguin für die Anregung zu diesem Buchprojekt danken, das mich über mehrere Jahre hinweg zutiefst beschäftigt hat, und für ihre aufmerksame Lektüre, mit der sie aktiv zu seiner Ausarbeitung beigetragen hat.

Mein Dank geht auch an meine Kollegen der Französischen Gesellschaft zur Familientherapie, an ihren Vorsitzenden Jacques Miermont und an alle Mitarbeiter der Zeitschrift ›Générations‹, deren Türen immer offen standen für einen täglichen Ideen- und Gedankenaustausch.

Meinen besonderen Dank möchte ich meinen Freunden der Pariser Vereinigung zur Forschung und Arbeit mit Familien aussprechen, Jean-Clair Bouley, Patrick Chaltiel, Didier Destal, Élida Romano und Françoise Rougeul. Die Früchte des gemeinsamen Nachdenkens und leidenschaftlichen Gedankenaustauschs finden sich auf jeder Seite dieses Buches wieder.

Anmerkungen

1 Mit den Veränderungen des institutionellen Rahmens von Ehe und Familie befasst sich besonders:
Singly, François de: *Die Familie der Moderne. Eine soziologische Einführung.* Konstanz 2003.

2 Badinter, Élisabeth: *Ich bin Du. Die neue Beziehung zwischen Mann und Frau oder Die androgyne Revolution.* München 1988.

3 Struktur und Aufbau der normalen und pathologischen Kommunikation ist umfassend dargelegt in:
Watzlawick, Paul, Beavin, Janet H., Jackson, Don D.: *Menschliche Kommunikation.* Formen, Störungen, Paradoxien. Bern u. a. 1969.

4 Mony Elkaim hat in diesem Zusammenhang die Begriffe »offizielles Programm« und »Weltkarte« gebraucht:
Elkaim, Mony: *If you love me, don't love me. Constructions of reality and change in family therapy.* Basic Books, New York 1990.

5 Cyrulnik, Boris: L'ensorcellement du monde. Paris 1997.

6 Mit der Illusion der Zweier-Einheit hat sich besonders Didier Anzieu befasst, vor allem in:
Anzieu, Didier: *Introduction à l'étude des fonctions du moi-peau dans le couple,* in: ›Gruppo Nr. 2‹, Clancier-Guénaud 1986, vgl. auch: Anzieu, Didier: Das Haut-Ich. Frankfurt a. M. 1991.

7 Von Jürg Willi ist der Begriff der »Interaktionsfigur« geprägt worden:
Willi, Jürg: *Die Zweierbeziehung.* Reinbek b. Hamburg 1975.

8 Lemaire, Jean-G.: *Le couple, sa vie, sa mort.* Paris 1979. Ein sehr anschauliches Werk, das aus psychoanalytischer Sicht, mit besonderer Berücksichtigung der Arbeiten Melanie Kleins, die Entstehung und den anfänglichen Aufbau eines Paars beschreibt.

9 Die Beschreibung dieser Paartherapie ist nachzulesen in:
Hefez, Serge: *Ni avec toi, ni sans toi, les paradoxes de la vie de couple,* in: ›Générations Nr. 1‹, NHA Éditions, 1994.

10 Le Goff, Jean-Pierre: *La démocratie post-totalitaire.* Paris 2002.

11 Eiguer, Alberto: *Clinique psychanalytique du couple.* Paris 1998.

12 Der Begriff des »Paktes« ist ausführlich dargelegt in den Arbeiten meiner Kollegen und Freunde von der Pariser Vereinigung zur Forschung und Arbeit mit Familien (APRTF = Association Parisienne de Recherche et de Travail avec les Familles). Vgl. besonders:
Romano, Élida, Destal, Didier: *Les Couples du couple* und Chaltiel, Patrick: *Illusion du choix mutuel, revendication d'identité et autres petites inventions du couple,* in: ›Générations Nr. 1‹, NHA Éditions 1994.

13 Diese Unterscheidung zwischen Fusion, Juxtaposition und Verknüpfung findet sich in:
Romano, Élida, Bouley, Jean-Clair: *La coppia, therapeuta dell'individuo,* in: Andolfi, Maurizio u. a.: La Coppia in cirisi. Rom 1985.

[14] Singly, François de: *Die Familie der Moderne*, a. a. O. (Anm. 1)

[15] Das Konzept der Kollusion wurde von Jürg Willi eingeführt; vgl. Willi, Jürg: *Die Zweierbeziehung*, a. a. O. (Anm. 7)

[16] Macdougall, Joyce: *Theater der Seele*. München 1988.

[17] Vgl. Hirigoyen, Marie-France: *Die Masken der Niedertracht. Seelische Gewalt im Alltag und wie man sich dagegen wehren kann*. München 2002.

[18] Diese frei nacherzählte Geschichte findet sich in:
Watzlawick, Paul u. a.: *Menschliche Kommunikation*, a. a. O. (Anm. 3)

[19] Miermont, J.: *Dictionnaire des thérapies familiales*. Paris 1987.

[20] Vgl. Watzlawick, Paul: *La Réalité de la Réalité*. Paris 1978.

[21] Der Begriff des »tiers pesant« (»ausschlaggebenden Dritten«) als Instanz der Paardynamik stammt von:
Goldbetter-Merinfeld, Édith: *Le Deuil impossible. Familles et tiers pesant*. Paris 1999.

[22] Anzieu, Didier: *L'Amour de la haine, in: ›Nouvelle Revue de Psychanalyse‹* Nr. 33, Gallimard 1986.

[23] Die Transformation der Lebensgestaltung und des Selbstwertgefühls ist umfassend dargestellt in:
Ehrenberg, A.: *L'Individu incertain*. Paris 1995.

[24] Rougeul, F.: *La Famille, le couple et leurs crisis* (im Druck).

[25] Vgl. Willi, Jürg: *Die Zweierbeziehung*, a. a. O. (Anm. 7)

[26] Tisseron, S.: *La Honte, psychanalyse d'un lien social*. Paris 1992.

[27] Hefez, Serge: *Sida et vie psychique*. Paris 1996.